JN120603

1　明るいブルネットの女性（P. 29）

2　赤毛の女性（P. 32）

3　パプア・ニューギニアのアルビノ少女（P. 33）

4　マリー・アントワネットの処刑前の様子（P. 46）
　　ジャック・L・ダヴィッドによるスケッチ

5　ヒンドゥー教徒の剃髪儀式で頭を剃られる男の子（P. 50）

6　文金高島田の角隠し（P. 59）

7　インドネシア、ヒジャブ着用のムスリマ（P. 89）

8　ヴィクトリア女王（P. 95）

9　エリーザベト皇后（P. 103）

10　イエス・キリスト（ダ・ビンチ「サルバトール・ムンディ」）（P. 119）

11　チェ・ゲバラ（P. 121）

12　ボッティチェリ「ヴィーナスの誕生」（P. 127）

13　マリリン・モンロー（写真中央）。『紳士は金髪がお好き』より（P. 132）

14　グスタフ・クリムト「ダナエ」（P. 141）

15　ユル・ブリンナー　(P. 161)

16　ボウズファッション（山岸幸夫）（著者提供）（P. 166 〜 167）

17　高田一（著者提供）（P. 167 〜 168）

18　森田富士子（洋服）（著者提供）（P. 187）

19　森田富士子（和服）（著者提供）（P. 193）

1 ～ 15　ウィキペディアより引用
16 ～ 19　著者撮影

ヘアの文化人類学

頭髪の起源からグレイヘアまで

文化人類学博士

新田 文輝
NITTA Fumiteru

文芸社

目 次

　ハワイ在住中の私は、40代後半にしてすでにごま塩頭であった。アメリカの一部であるハワイには、さまざまな髪色の人々がいる多民族社会ということもあり、そこの日系の人たち同様に白髪であることを全く気にしていなかった。

　ごま塩頭は、50代初めに日本に戻る頃には真っ白になっていた。大学で教え始めてある時、女性の同僚から染めた方が似合う、と勧められて染めることに。その際「茶髪教授」も一風変わっていていいだろうと考えて茶色にした。

　自宅で染めていたので上手く染められないまま続けていたが、留学生に染めにムラがあると指摘されたこともあった。

　その後、他大学のロシア人女性教員から、染めない方が自然でいい、と言われてあっさり元の白髪に戻した。手間がかからなくて気楽なこともあり、そのまま現在に至っている。

　これら一連の経験が、この本を書く上で無意識的な影響があったかもしれない。

　いずれにしろ、以前から本を書くなら多くの人たちに直接的・間接的に関連があり、誰もが興味が持てそうな

テーマを選びたいと思っていた。また、あまり研究されていない分野を探索すべきだとも考えていて、たどり着いたのが頭髪のテーマだった。退職後、本格的に執筆し始めて、頭髪がいかに多くの事柄に関係しているか再認識した。

2021年には、私が英語で解説した平安時代から明治維新にかけての日本髪の変遷をテーマにした動画（History of Japanese Hairstyles）を、アメリカ人の友人Bobby Coutuが作成してYouTubeに投稿してくれた。本書ではこの動画にある髪型の歴史的な側面だけでなく、文学、音楽、絵画などとも関連づけながら、ヘアについてより広い視点から探究してみた。

本書では、「ヘア」についてさまざまな視点から考えているのだが、それを頭髪、髪の毛、髪などとも呼び、これら一連の言葉を同じ意味で使用している。つまり、私たち人間の頭上にあるまとまった毛髪のことである。ヘアという用語はよくファッションや化粧のような装いに関連して使われるが、ここではそれは一部である。

そして「文化人類学」とは、人間の総合的な学問である人類学のうちでも特に「文化」を基礎概念として人々を研究する分野だ。ここでいう「文化」とは日常で使う意味ではなく、各社会や民族が持つ独特の生活様式、思考様式などを意味する専門用語である。したがって、

「文化」には優劣や良し悪しはない。

　世界には数え切れないほど大小の社会があり、多様な民族が存在し、それぞれが異なった生活習慣、考え方、物の見方を維持しながら生活している。このように見ると文化人類学とは、異なった社会・民族の人々が持っている「文化」の多様性を比較することにより、人間とは何かを理解しようとする学問であるといえよう。

　これは頭髪に関しても同じで、髪についていろいろな考え方や習慣がある。例えば日本では黒髪が一番美しいとされ、年配者のほとんどが白髪染めをしている。

　もちろんこれには、若く見られたいという願望もあるだろうが、それだけではない。男子生徒の強制丸刈りに加えて、生まれつきの茶髪生徒を黒髪に染めさせ、また家族からの地毛証明書なるものを提出させる学校での頭髪指導は、今なおどこかの学校で行われている。

　他方、欧米では、金髪が最も魅力的と考えられていて、ブロンド女性がもてはやされている。それは古来さまざまな絵画で金髪の女性が描かれてきたことからもわかる。

　また、世界的に共通な髪の毛の捉え方もある。ヘアは頭の上にあって当たり前で通常は意識しないが、それがなくなると恐怖を感じ、恥ずかしく思って意識しだす。髪の毛が薄くなる、またはなくなってしまうことは、私たちにとって大変な身体的変化なのである。

　特に女性にとって脱毛症のように坊主頭になると、人

前に出ることすら躊躇するほどで、ガン治療の化学療法でヘアをなくした患者のための医療ウィッグなるものがあるくらいだ。

　この女性の髪の重要性を如実に表したスキャンダラスな出来事が2022年の春に世界中でテレビ中継され、それを見た何億もの人々が驚愕した。

　それは、アメリカ恒例のアカデミー賞授与式で俳優のウィル・スミスが、プレゼンターのクリス・ロックをステージ上で平手打ちした前代未聞の出来事だ。

　事の起こりは、ロックがスミスと同席していた妻ジェイダの脱毛症による坊主頭をなじるジョークだった。2018年から脱毛症で悩んでいた妻をちゃかされたウィル・スミスが、黙っておられずに行為に及んだのだった。

　女性の断髪・剃髪は、状況によっては非常に厳しい罰として使われる。例えば第2次世界大戦中のフランス解放後、ドイツ兵と性的関係を持ったとされるフランス人女性が見せしめとして丸刈りにされ、服や下着を剥ぎ取られて通りを引きずり回されたくらいだ。

　ウィル・スミスの行為に対する評価は「他人の病気をネタにする方が悪い」と「暴力に訴える方が悪い」に分かれた。しかしここで注目したいのは、このような事件が起きるほど髪の毛の存在は、特に女性にとって非常に重要なことなのだ、という点である。

　本書では、チンパンジーなど類人猿と違い、体毛のない人類が頭髪だけは保持しているのはなぜかという疑問に始まり、さまざまな髪色やヘアスタイルが持つ社会的意味、結婚式や葬式で頭髪が果たす役割、男女間で見られる頭髪の長さの違いなどを、通過儀礼やジェンダーのような社会的視点からも考える。

　ヘアはまた、普通に生えている状態でもさまざまな意味があるだけでなく、ハゲになっても別の意味が生じてくる。私たちの髪の毛は、あってもなくても意識的・無意識的にさまざまなメッセージを周りの人たちに発しているのだ！

　本書を読まれた読者は鏡に映る自らの、そして他の人たちの髪の毛をこれまでとは違った視点から見直して、考えを巡らすようになってほしいと思っている。

　なお、本書では歴史的人物はもちろん、すべての人名には「さん」などの敬称を省略した。ただし「博士」や「医師」のような資格を表す称号は例外として使用した。

第1章

ヒトは頭髪を持った裸のサル

私たちにはなぜ毛皮がないのか

「裸のサル」とは、約200種のサル類のうち唯一身体が毛皮で覆われていないサル、すなわち私たち人類のことだ。

この表現を最初に使ったのは、イギリスの著名な動物学者デズモンド・モリスだ。彼は193種のサルと類人猿（ヒトニザル）の中でヒトだけが体が毛でおおわれていなく、「裸のサル」と呼んだ。

ただし、私たちの頭には髪の毛があるから、人類は「頭髪を持つ裸のサル」と言いかえることができる。現存する約5000種もの哺乳類はほとんどすべてが体毛で覆われているので、私たち人類は極めて珍しい生物なのである。

頭髪が私たちにとって非常に大切な人体部分であることは、髪の毛が薄くなる、または失うことを極力恐れている人々が多いことからも理解できる。養毛剤やかつらは、その対処法として人気のある必須アイテムである。

この対極にあるのは、体毛・ムダ毛の除去について人々が持つ強い関心である。雑誌や新聞には、多くの「全身体毛除去」などと称する広告が目につく。これは特に女性の間で関心が深いようだ。脇毛はもちろん、最近では恥毛でさえ剃る人たちもいるくらいである。

　私たちは「裸のサル」状態を保つためにムダ毛を極力剃ろうとする一方、フサフサとした頭髪は維持したいと望んでいる。

　デズモンド・モリスは、類人猿にはないヒトの際立った特徴は、毛皮ではなく皮膚を持つことであり、冒頭で述べた「裸のサル」であることだと提唱して注目を浴びた。

　では、なぜヒトの祖先は進化の過程で、頭髪を残して毛皮を失ったのであろうか。

　モリスは、この「裸になる」大転換劇について、いくつかの説を紹介しながら考察している。私たちの祖先である狩猟性ヒトニザルが体毛を失ったのは、森の生活から地上の生活に変化した後に起こったとされているが、以下にモリスが挙げた説を見てみよう。

　ひとつの説では、狩猟性ヒトニザルが火を使用し始めたことに関連づけられている。火の使用を発達させたサルは、夜にしか寒さを感じなかったであろう。暖かいキャンプファイアーの贅沢さを知った後は、毛皮なしで済ませることができた結果、日中の暑さに対しても都合の良い状態が生まれ、進化の過程で毛皮を失った、というものだ。

　別の説では、毛皮の喪失を社会的な意味から唱えている。体に毛の生えていない部分がある霊長類は多く見ら

れており、その部分が種を認識する目印として作用している。すなわち、毛のない部分がある種の信号として作用し生じたものだという。

　この説では、突然変異が狩猟性ヒトニザルに生じたのを契機に、この社会的信号としての毛皮の喪失が進んで、裸のサルになったとされる。

　同様の社会的な説として、毛皮の喪失が性的信号の拡張だったとするものがある。この説によると、哺乳類のオスはメスよりも毛深いから、オスがこの性的違いを大きくすることにより、メスはオスによりセックスアピールを感じるようになったのであろうと考える。

　当然ながら、毛の喪失はオスにもあったが、メスに比べてその程度は少なく、顎髭（あごひげ）のような部分でも、やはりオスの方が毛は多い。

　またモリスは、より一般に受け入れられている議論として、毛皮の喪失は一種の冷却手段として進化したという説を挙げている。日陰が多い森林から地上の生活に移動した狩猟性ヒトニザルは、それまで以上に暑い環境に身をさらすようになった。その結果、あたかもコートを脱いで暑さを凌（しの）ぐように毛皮を喪失したのである。そして、身体の全体を覆う皮膚に無数の汗腺を増すことにより、冷却効果を高めることができた。

　これは、狩りが主な食料調達の手段であった狩猟性ヒ

トニザルにとって、非常に重要なことだったので、裸の
サルとなるように進化したのだとしている。

■ 私たちにはなぜ頭髪があるのか

　なぜ私たちの先祖は毛皮を失って裸になったのかとい
う疑問にはさまざまな説があり、どれが正しいかの判断
は難しい。しかし、なぜ頭髪が残ったのかについての質
問に答えるのはさほど困難ではないようだ。

　一般的に人類学者が唱える説は、類人猿からヒトの祖
先に進化する過程で髪の毛は強力な紫外線から頭皮を守
り、同時に脳をも保護する機能が作用して残った、とい
うものだ。

　この説によると、アフリカの熱帯地域で森林地帯から
サバンナに下りた後、二足歩行の狩猟採集民として生活
をするようになって以来、頭髪が昼間に照りつける太陽
の熱と紫外線から頭皮と頭を守った。

　なぜ頭髪だけが進化の過程で残ったのかについては、
当然ながらその身体上の位置から明白だろう。二足歩行
をし始めていた私たちの祖先にとって、頭上にある頭髪
が一番太陽の光と熱にさらされやすいからだ。

　アフリカやその他の熱帯地域に住む人たちの頭髪は、
いわゆる縮れ毛と言われるタイプで、この種のヘアは熱

を冷やす効果がストレートな髪より強いとされている。

　このことに関してペンシルベニア州立大学の人類学者のニーナ・ジャブロンスキーは、縮れ毛は、頭皮に冷えた空気を容易に循環させるのに役立つ、と主張している。また、縮れ毛はストレートな毛に比べて紫外線が頭皮にあたるのを防ぐよりよい働きがある、とも言われている。

　頭髪が進化の過程で喪失されずに維持されたことに関して、学者の中にはアフリカの人々に見られる縮れ毛は、現在見られるそれ以外の髪の毛の原型であると考えている人たちもいる。

　アフリカから、ヨーロッパ、中東、アジアに移動し、それぞれの地域で何万年もの長い期間住むことにより、各地域の自然環境に適応したヒトの先祖の体形や皮膚の色は進化し変化する。同時に髪色や質・タイプも変わり、ストレートで硬い黒髪、カールした茶色い髪、細くて柔らかいブロンドなどが出現した。

　頭皮を紫外線から守ることは確かに重要だが、それにもまして大切な頭髪の機能は、身体器官のうちで最も貴重な脳を保護し、守ることだろう。最もヒトに近いチンパンジーとは異なり、私たちは高度な機能と能力の基盤となる頭脳を持つことで、複雑な言語を駆使し、高度の思考能力を使う、すなわち文化を持つ生物として存在し

てきた。

　したがって、この最も重要な脳を紫外線や落下物など
から保護することは、ヒトにとって進化の過程でいかに
重要だったかが理解できる。

　以上、長い人類史において私たちの遠い先祖がいかに
進化の過程で、頭髪だけを残して「裸のサル」になった
かを見てきた。

　ヘアは私たちを人間として他の動物から区別するのを
可能にし続けてきた頭脳を保護する役目を果たしてきた
のだが、その結果、私たちの脳に事物や自然現象など
諸々の物事に意味を与える能力をも与えた。

　これは他の動物には見られない、人間特有の能力とさ
れている。私たちがヘアにどのような意味を与えてきた
かなどについて、さまざまな視点から探究するのが本書
の主な目的である。

第2章

髪色の多様性

さまざまな頭髪の色

　グローバルに見ると人々の髪色はさまざまである。進化の過程で私たちホモ・サピエンスの先祖が、各地域の自然環境に適応して肌の色が変化し、髪色も多様化してきた。

　近年まで、ヒトは伝統的に肌の色で分類されていた。肌が黒い黒人はネグロイド（黒人種）、白い肌のヨーロッパ人はコーカソイド（白人種）、そして黄色い肌のアジア人はモンゴロイド（黄色人種）である。

　しかし、最近の研究ではこの分類は不十分とされ、より複雑に細分化されている。図2-1に示されているよう

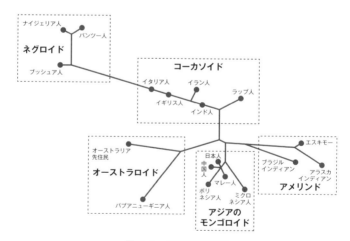

図2-1　遺伝的近縁図

に、これまで伝統的に分類されてきた3つに加えて、オセアニアのオーストラロイドと南北アメリカ大陸のアメリンドが加わって、5つのタイプになっている。これら各グループはそれぞれ異なった髪の毛を持っている。

髪色の特徴と分類

　ヒトがアフリカから世界中に広がった結果、頭髪も単純な縮れ毛からカールした、またはストレートな黒髪、茶褐色、ブロンドなどさまざまな色を持つようになった。ここで言う茶褐色とは、黄色から黒に近い色までを含むとされている。

　図2-1の遺伝的近縁図に基づくヒトの分類から、頭髪の色は単純に大きく4つのグループに分けることができる。

　すなわち、ネグロイドは黒または薄い黒色（縮れ毛）、コーカソイドは多色（黒、茶色、ブロンド、赤毛などで、ストレートまたはカール）、オーストラロイドは黒・茶色（縮れ毛、ストレート等）、アジアモンゴロイドとアメリンドは主にストレートな黒髪である。

　ここで注意したいのは、黒髪、茶髪、ブロンドなどと大まかに分類しても、各グループにはそれぞれ色のグラデーション（推移）があり、一律ではないことだ。

したがって、黒髪と茶髪を見ると、濃い黒髪から茶色を帯びた茶褐色（やや黒みがかった茶色）へと徐々に変わっていき、黒髪と茶髪の境界線を明確に引くことは難しい。事実、アメリカではブルネット（brunet）という髪色名があり、それはこの黒髪から茶褐色ヘアを含む言葉である。

同時に注意したいのは、多くの地域、国々でいわゆる異人種間結婚、日本で言う国際結婚による混合が行われており、上記のように単純な分類は難しくなっているのが現状である。

このことを念頭に、人類全般の主な髪色とその分布や特徴を以下で見よう。

黒髪 （black hair）

人類全般的に見ると、もっとも多いのは黒髪である。これは世界最多の14.4億人を有する中国人を含む東アジア、南アジア、アフリカ、中東などに住む多くの人々が黒髪であることが第一の理由だろう。それと同時に、ヨーロッパその他の地域の人たちにも黒髪を持つ人が多くいるからだ。

黒髪の遺伝子は、遺伝学的に「顕性」（2016年以前「優性」と呼ばれた新しい用語）であるから、黒より明るい色との遺伝子混合があっても表現型（目に見える身体的特

徴）は黒髪となる。

　例えば、黒髪とブロンドの男女が結婚して子どもを授かると、黒髪または褐色の頭髪をしている。黒髪の遺伝子とは異なり、ブロンドの遺伝子は「潜性」（2016年以前「劣性」と呼ばれた新しい用語）で、遺伝子はあるものの、身体表面上には現れないからだ。

　ヨーロッパでは、アイルランド、フランス、ポルトガル、スペインなどに、ストレートからウエーブを伴った黒髪や褐色の頭髪を持つ人たちがいる。

　ただし、褐色のヘアは黒髪と間違われやすい。アイルランド人で褐色または黒髪の人たちは、褐色か黒い目をしており、そのようなアイルランド人は、時として「ブラック・アイルランド人」と呼ばれる。また、褐色や黒髪をした人は、イラン、アフガニスタン、コーカサス、北インドなどにも存在する。

　アメリカでは黒髪を細かく分けていて、上記の茶褐色の他に、青みを帯びた黒髪（blue-black）、赤みを帯びた黒髪（red-black）、光沢のある黒髪（jet-black）などである。

　なお、黒髪が主な日本では、アメリカ以上にそれをより細かく分けている（第6章参照）。

▨ 茶髪 （brown hair）

　黒髪に次いで2番目に多いのが、茶色い髪の毛である。ここで茶髪というのは、生まれつき茶色のヘアを指し、日本の若者が茶色に染めた「チャパツ」のことではない。

　茶髪の人は高レベルのユーメラニンを持っており、中央ヨーロッパ、南西ヨーロッパ、東ヨーロッパ、南ヨーロッパおよびアメリカ合衆国に見られ、中東にも存在する。そして、オーストラリアの先住民アボリジニやメラネシアの人々にも見られている。

　茶髪は、薄茶色から濃茶色（褐色）までの色を含むので、次に述べるブルネットに一部重なり合う。

▨ ブルネット （brunet/brunette）

　上記の茶髪と黒髪が関連したヘアに「ブルネット」とも呼ばれる髪色名があり、日本語にはない分類用語である。

　フランス語のbrunetteからの言葉で、この綴（つづ）りは女性を指し、男性形はbrunetだが通常は女性の髪の毛を指すことが多い。『ケンブリッジ辞書』でもブルネットを、「黒い髪（dark hair）の女性または少女」と定義している。

　アメリカでは通常ダークヘアの女性を指す言葉として

使われる。茶褐色（dark brownの黒みを帯びた茶色）の人
もブルネットと呼ばれるが、黒髪に見られやすい。

　ブルネットはその髪色が持つステレオタイプに関連し
て、しばしば次に述べるブロンドと対峙される（第6章
参照）。（口絵1参照）

■ ブロンド（blond/blonde）

「金髪・ブルーアイ」は西洋人を指す際に使われるステ
レオタイプだが、金髪はヒトの毛髪としては非常に少な
く、1.7から2％しかいない。この髪色にも何色かのグラ
デーションがあって、それらに共通的に含まれているの
は黄色である。

　ブロンドは成長とともに黒みを帯びるので、成人では
自然な金髪は少ないと言われている。生まれつきのブロ
ンドを持つ人は、北欧に住む人およびその子孫に見られ
る。

　ブロンドの種類（グラデーション）には、ダークブロン
ド（dark blond）、プラチナ・ブロンド（platinum blond）、
アッシュブロンド（ash blond）、ストロベリーブロンド
（strawberry blond）などがある。

　ダークブロンドは、金髪と茶髪の中間で、暗い金髪ま
たは明るい茶髪とも言いかえることができ、ヨーロッパ

全域や中東のさまざまな地域で見られる髪色だ。

　一説によると、ブロンドは最も多毛で14万6000本あるとされ、それに次いでが黒髪の11万本。茶髪は10万本で、一番少ないのが赤毛の8万6000本である。

　古くから女性は、美しくなるためにはフンや尿を身に着けることさえいとわなかった。古代ローマ時代にあっては、女性は鳩のフンでブロンドに染めていたと言われている。また、ルネッサンス期のイタリアのベネチアでは、女性が馬の尿でブロンドに染めていたとも伝えられている。

　プラチナ・ブロンドは、ほとんど白に近いブロンドで、フィンランド人やスウェーデン人らによく見られるヘアだ。

　アッシュブロンドは、プラチナ・ブロンドより少し青い色素のある頭髪。

　ストロベリーブロンドは、金髪と赤毛が交ざったブロンドで、珍しい頭髪とされている。

　前述のように、ブロンドの髪の毛を持つ人々は人類全体でも2％しかおらず非常に少ないのだが、一般的にかなり多くのブロンド女性を見かけるのはなぜだろうか。

　まず考えられるのは、多くの女性は髪を染めているのだ。あのブロンド女優として日本で今なお人気のあるマリリン・モンローも、生来の髪色は茶色系であった。も

う1つの可能な説明としては、ブロンドはその明るい髪色から私たちの注意を引きやすいのだろう。

■ 赤毛（red hair/redhead）

「赤毛のアン」で日本でも知られているこの髪色は、アメリカをはじめ西ヨーロッパで多く見られるが、全人類で約1〜2%しかいないと言われている。しかも赤毛は、2060年には絶滅するとも言われているくらいに貴重な存在だ。

　欧州で赤毛人口が多い国は、1番目がスコットランドで、2番目がアイルランドであると言われている。しかし、ヨーロッパその他の地域からの移民の流入で、南北アメリカで赤毛の人口が増加した。その結果、アメリカ合衆国では2〜6%が赤毛人口で、スコットランドやアイルランドよりも多く世界一と言われている。

　だが正確なことは分かっておらず、2015年に「Redhead Map」というプロジェクトがドイツの『MC1R Magazine』誌で始められ、より正確な赤毛人口数を得ようとしている。

　赤毛には、濃いバーガンディー色や、オレンジ色がかった赤毛などの変種があり、一様ではない。しかも赤毛の人は肌が白っぽく、目もブルー、グレイ、グリーンなど薄い色をしており、そばかす顔の人が多い。

赤毛の人たちは、モロッコなど中東や地中海沿岸や
ヨーロッパ諸国でも見られる。特にアシュケナジ系のユ
ダヤ人に多く、3.7％のユダヤ人女性が赤毛であり、約
10％のユダヤ人男性は赤い髭を生やしていたと報告され
ている。

　20世紀以前のヨーロッパでは、赤毛はステレオタイ
プ的に、ユダヤ人の特徴だと見られていた。イタリアで
も以前は、赤毛はユダヤ人に多いとみなされていた。
シェイクスピアとディッケンズは、彼らの作品の中でユ
ダヤ人の特徴を赤毛として描写している。

　赤毛がユダヤ人に多いというステレオタイプは、東
ヨーロッパとロシアで現在でも見られると言われている。
（口絵2参照）

コラム：アルビノと頭髪

　アルビノとは、突然変異などで頭髪や肌の色を左右
するメラニン色素の生成と合成に支障をきたす「先天
性白皮症」を持つ個体を指し、ヒトを含めた生物や植
物に見られる。

　この遺伝的疾患は、「先天性色素欠乏症」とも呼ばれ、
この症状を持つヒトは、頭髪と肌を含めて全身が白く

なる。その結果、アルビノの黒人は、頭皮、肌ともに白く、まるで白人のように見える。また、これら頭皮・肌の色だけでなく、目の色を意味する虹彩さえも白化する。（口絵3参照）

　ヒトだけでなく動物界でも、アルビノの症状があるものは特別視され、重宝がられてきた。ウーパールーパーやシロウサギがその例だ。

　また、日本では岩国の白蛇が有名で、国定天然記念物に指定されており、守り神とされている。この白蛇は、アオダイショウのアルビノである。

　人間の場合、アルビノは時代や地域により、崇められるだけでなく差別もされてきた。日本における歴史的存在としては、第22代天皇である清寧天皇はアルビノであった可能性があるとされている。生まれつき頭髪が白く「白髪皇子」と呼ばれていたからだ。父の雄略天皇は、第三皇子の彼に霊感を感じて皇太子にした、と伝えられている。

　また昔、アルビノの人たちは、「白子」として差別された。そのため現在では、この「白子」という言葉は、差別用語として使わなくなっている。

　近年のアルビノに関する現状については、川名紀美の『アルビノを生きる』（2013年）に詳しく述べられ

ている。著者自身はジャーナリストで、石井更幸という アルビノ男性を数年にわたって取材して360ページ にのぼる著書にまとめている。

石井更幸は、幼少の頃からアルビノであることを隠すために、「髪を漆黒に染め、眉を黒く描き、まつ毛もマスカラで黒く塗って集団に溶け込もうとしたが、不自然に黒い髪が、かえって肌の白さを際立たせる結果になった」と描写している。

欧米をはじめ日本などではアルビノに対する差別が、以前に比べれば弱まったかもしれないが、アフリカ大陸の国々では無知に基づく考えや伝統的な信仰から、現代でも信じられないようなことが行われている。

そもそも、南アフリカでは、4000人に1人がアルビノであるとのこと。そしてアフリカの多くの国々では、アルビノには魔力や病気への治療力があると信じられているので、彼らは金銭目的に拉致、または殺害されているのが現状だ。

例えばアフリカ東部のタンザニアでは、3万人のアルビノがおり、彼らは何十年にもわたって恐怖に襲われながら生活している、と報じられている。彼らの手足、耳、鼻だけでなく性器までもが、「開運」や「お守り」になると信じられているからだ。

これらアルビノの身体部分は、時には7万5000ド

ルもの大金になるとして、それを得るために彼らは拉
致され、殺害されてきており、その数は不明だと言わ
れている。

　その理由のひとつは、加害者が被害者の父親で、母
親も共犯者であるケースがあるからだ。2009年から
2014年の間に、155件のアルビノに対する人権侵害
があったと報告されている。そのうちの75件は死亡で、
18件が重大な侵害とのこと。

　これらアルビノに対する差別と人権侵害に対して、
立ち上がったアルビノも存在することは、心強い！
その人の名前は、タンド・ホパ（Thando Hopa）という
南アフリカの女性だ。幼少の頃は他の子どもたちにか
らかわれ、老人たちからは迷信モノとして見られた。
彼女によると、人により「開運」と見られたり「不吉」
と見なされたりしているとのこと。

　ホパは、たまたまショッピング・モールでモデルに
スカウトされて以来、アフリカ・ファッション界の
ニューフェイスとして注目されている。同時にホパは、
フルタイムの検事であったこともあり、アルビノの人
たちの人権擁護に向けて活動をしている。

　南アフリカには、彼女の他にリフィルウエ・モディ
セル（Refilwe Modiselle）という名前のアルビノのモデル
も活躍している。

上記2人の有名モデルに共通していることは、白髪や白い肌などのアルビノの人たちが差別の対象となってきた身体的特徴を逆手に利用して、モデルという華やかな世界で活躍していることだ。

　また、これらアルビノの人々に注目し、彼女たちをモデルに採用したファッション界のスカウトたちも、目的はともあれ、アルビノに対する偏見と差別の撲滅に一役買っていることは事実であろう！

　ちなみに、日本におけるアルビノの活躍について、笠本明里を挙げたい。

　笠本は、中学生の時に水泳部に入って泳ぎ始め、受験勉強で一時水泳をやめた。しかし大学1年生の時にアテネオリンピックを観て、再度泳ぎたいと思い、視覚障害者としてパラリンピックの日本代表選手となった。そして2016リオパラリンピックの100m競技に出場して注目された。

　残念ながら競技の予選では敗れたが、パラリンピック出場前に行われたインタビューでは、

「今の私にとって、パラリンピックのない人生は考えられない」と述べている。

白人における髪色と肌色の進化

　ヨーロッパ地域にヒトが最初にアフリカから移住したのは、４万年前だとされている。しかし、2015年に行われたアメリカ形質人類学会において発表された新しい研究では、ヨーロッパ人が白い肌を持つようになったのは、従来思われてきたのとは違い、より後である。

　この研究結果は、古代人83名のゲノム中のDNAの比較によったもので、それより前のわずか数人の標本に基づくものとは違い、信憑性はより高いと言われている。

　2015年の研究によると、現代のヨーロッパ人は、8000年前に３回にわたって移住してきた狩猟採集民と農民との混合であったとのこと。研究者のIain MathiesonとDavid Reichによると、7700年前にスウェーデン南部で発掘された７人は、SLC24A5とSLC45A2という白い肌の遺伝子を持っていただけでなく、ブロンドの頭髪と青い目の元になったと思われる遺伝子、HERC2/OCA2も発見されている。

　太陽光線が弱い北欧において白い肌は、ビタミンＤを取り入れる上で重要であることから、肌の色が変化したわけである。

　この新しいデータによると、8500年前のスペイン、ルクセンブルクおよびハンガリーの狩猟採集民は、黒っぽい肌をしていたとされている。

人類学者ニーナ・ジャブロンスキーは、太陽光線の弱い北半球の高緯度地域に住むヒトはビタミンDの摂取が十分でないことに関連して、それを補う手段として2つの遺伝的な手段を挙げている。

　その1つは上記の白い肌の元となる遺伝子を持つことで、もう1つは乳糖耐性の遺伝子を発展させることだ。この遺伝子は、ミルクに含まれているビタミンDおよび糖分を消化させる酵素をつくりだす。

　かくして、上記2つの遺伝子が進化の過程で淘汰的に顕性となり、白い肌と青い目のヨーロッパ人が出現した。もちろん、その後、中東などから移住してきた農民との混合（異人種間結婚）などにより、多様な色をした頭髪、肌、目を持つヒトたちも拡散していったことは言うまでもない。

■ 欧米人の多様な髪色

　白人を中心とする人口構成のヨーロッパ全域や南北アメリカ大陸は、アフリカやアジアに比べて頭髪の種類では、黒髪からブロンドや赤毛まで多種多様である。西洋人を「青い目の金髪」と表現するステレオタイプとは、真っ向から対峙する事実だ。

　欧米では金髪、すなわちブロンド以外にもブラウン

（茶髪）、黒髪／茶褐色（ブルネット）、赤毛などさまざまな頭髪をした人々がいる。例えば欧米社会での集会会場に入り後部から参加者を見ると、さまざまな色をした頭髪が目につく。

　しかし日本の集会では、たとえ高齢者がいても圧倒的に黒髪が多く、際立って対照的である。もちろんこれは、高齢者の多くが白髪を黒く染めていることにも関係があることは言うまでもない。この白髪染めに関しては、第8章で詳しく述べる。

頭髪と美髪

　これまで見てきたように、人類の頭髪には大変多くの種類があることが分かった。

　しかし、この多様な頭髪にひとつの共通性として、それぞれが持つ美しさがある。黒髪にせよブロンドにせよ、人々は各種の頭髪を美しいと見なして、それは往々にしてヘアスタイルと切り離すことはできない。髪の毛がどのような色であれ、頭髪はいずれの社会でも女性美の重要な要素である。

　名和好子『美しい髪の歴史』（1979）で、著者は古代エジプトから近年までの欧米における「美髪史」をたどっている。太古の昔から美髪がいかに重要だったか、さまざまなヘアスタイルやヘアモードを数多くの絵画や写真

入りで紹介している。

　この著書ではかつらを着けた女性も紹介されており、すでに古代エジプトの時代から人々はかつらを使っていた事実からその重要性がうかがえる。著者の名和好子は、「エジプトの美髪の歴史は、かつらの歴史といってもよいくらいで、かつらの技巧は精巧を極め、驚くべきものがあった」と述べている。

　どんな時代にあっても、髪と女性美には密接な関係があるのだが、もし髪の毛がなかったらどうなるのだろうか。

　カート・ステン（『毛の人類史』、2017）は、興味ある出来事を挙げている。それは、既婚女性が美を競う「ミセス・インターナショナル」コンテストで起きた。

　優勝したキャリー・ビクリーが表彰台に立ったあと、「流れるような鳶色（とびいろ）の髪を片手で撫で、その手を引っ込めるとき、髪を顔から払うような仕草をした。すると、なんと髪全体がはずれて落ちたのである」

　優勝者は、なんと禿（は）げ頭だったのだ！

　コンテスト後に、ミセス・ビクリーは「外見よりも自分らしさの方がはるかに大切です」と述べて問題提起をしたのである。

　彼女は、その2年前にもコンテストに出場したが、その時はかつらをかぶらずに、優勝を逸している。この例

は、外見上の美しさが美髪とは切っても切れない関係に
あることを示している。このように、私たちは頭髪に美
を見いだすのだが、それが表すのは美だけではない。ヘ
アにはさまざまなシンボル性があるからだ。

　次章では、頭髪の持つ象徴的な意味が私たちの日常生
活、特に通過儀礼でどのような意味を持って関わってい
るかを、さまざまな社会での状況を見ながら探っていく。

第3章

通過儀礼とヘア

通過儀礼としての冠婚葬祭

「成人式」や「結婚式」のように、私たちは一生を通じて節目ごとにさまざまな儀礼を行っている。これはどの社会、国でも同じであり、人類共通の文化現象である。

これらの儀礼は日本では古来「冠婚葬祭」と呼ばれてきた。昔の成人式である元服で冠をかぶせて祝ったことの名残からの「冠」、次の「婚」は結婚式で、「葬」は葬式である。最後の「祭」は先祖の祭りであり、単なる祭礼ではない。

しかし、日本にはこれら以外にもお宮参り、初節句、還暦など多数の儀礼があり、国や社会が変われば違った儀礼も行われている。これら人生の節目に際して行われる儀礼は、「通過儀礼」とも呼ばれている。

一般的に通過儀礼は、個人が何らかの社会的地位の変化を経験する時に行われる。例えば、成人式は子どもから大人になる時の儀礼であり、結婚式は独身から既婚に移る際の儀礼である。

髪の毛が持つ社会的意味

第1章で頭髪は、頭皮や脳を保護する生理学的で重要な機能を持つことを見た。しかし、髪の毛には機能的な要素だけでなく、ヘアがあること自体、時には人間性を

表すだけでなく、その他のさまざまな意味合いがある。

　私たちは、髪の毛に多様な社会・文化的な意味を付与していて、その結果、頭髪の有無、長さ、髪型（ヘアスタイル）などにより、その人の年齢、身分、社会階級、未婚か既婚などさまざまなことが分かる。たとえ頭髪がなくても、それ自体に何らかの社会的な意味があるくらいだ。

　例えば、日本における丸刈りは、坊主頭と言われるように「お坊さん」をも意味する。僧侶の剃髪は、古より行われてきた宗教的意味合いを持つもので、聖と俗を区別し煩悩を捨てる意味があり、仏門に入る際の「出家」や「帰依」などがそうである。

　しかし宗教的意味合いだけでなく、中学校や高校などの運動部では多くの男子部員は丸刈りで、スポーツとも関連がある。囚人もしかりで、罪を犯した罰として丸刈りにされる。

　また、似たような丸刈りでも、欧米人らに見られる「スキンヘッド」と呼ばれる丸刈りは、本来の厳密な意味では反体制、極右・ネオナチなどの極端な思想に傾倒する人または団体のシンボルで、政治的な意味合いを持っている。

■ 刑罰としての剃髪

　髪型と同じように、坊主頭（丸刈り）にも宗教的意味以外にさまざまなシンボル的意味がある。丸刈りは、人間性を奪うためにも使われてきた。例えば、死刑執行前に死刑囚の頭髪を剃り落とすのは今でも慣例となっている。

　この剃髪は、刑罰の一種として古（いにしえ）より行われてきた。

　歴史的に見ると、1431年、ジャンヌ・ダルクは火刑に処せられる前に、執行人らの手により丸刈りにされた。フランスの王妃マリー・アントワネットも、1793年にギロチンに向かう前に同様の処遇を受けた、とカート・ステンは述べている。

　しかし、マリー・アントワネットが処刑前に剃髪されたというのは間違いで、処刑時のデッサンを行った画家ジャック・L・ダヴィッドが処刑場に行く際に描いたスケッチによると、長い髪を短く切られた上に白い帽子をかぶっている。貴族女性の象徴でもある長髪を切られること自体が、すでに剃髪と同じような意味合いがあったのだろう。(口絵4参照)

　昔の日本では「閏刑（じゅんけい）」と呼ばれる、正規の刑よりも軽い刑として行われるものの一つに剃髪があった。江戸時代において、幕府の『公事方御定書（くじかたおさだめがき）』下48巻には、

離縁状を取らないで他に嫁いだ女子の髪の毛を剃り落とし、親族に引き渡したとされている。

　近年の外国における女性への刑罰としての剃髪に関しては、第2次世界大戦時期のドイツとフランスで、大規模なスケールで行われた出来事が報告されている。

　例えばナチス・ドイツでは、大戦初期に外国人戦争捕虜、外国人労働者、ユダヤ人男性と性的交渉があったと疑われるドイツ人女性は、髪の毛を公衆の面前で刈られ、その後町中を引きずり回された。刑罰と予防のための見せしめとして、丸刈りがナチス・ドイツにより奨励されたのだ。

　同様にフランスでは、第2次世界大戦中の1944年フランス解放の際、ドイツ兵と性的関係を持ったとされるフランス人女性が見せしめとして丸刈りにされただけでなく、剥き出しになった頭皮と肉体に鉤十字（かぎじゅうじ）をペイントされ、服や下着を剥ぎ取られ、通りを引き回されたことが報告されている。

■ 誕生儀礼での頭髪の役割

　上記の刑罰としての剃髪とは異なり、多くの社会や地域では赤子や幼児の髪を切る習慣が、通過儀礼の一部として行われてきた。マルタン・モネスティエが『図説毛

全書』で指摘しているように、髪にまつわる古い習慣には、生まれて間もない赤子を共同体の新しいメンバーとして迎え入れるという意味を持つものである。

　日本には、生まれた子どもの健やかな成長を願い、健康的に成長できたことへの感謝を表す儀礼がいくつか行われてきた。例えば「お七夜」は、赤子の誕生後7日目の夜に行われるもので、その際の「名付け」と呼ばれる儀礼は、両親や家族のさまざまな期待が込められた重要なものである。現在でも多くの地域でお七夜に名前を付けており、名前を墨書した半紙を神棚の下に貼ったりしている。

　この誕生儀礼で重要な役割を果たすのが剃髪なのである。例えば生後「7日目」に行われる儀礼に関連して、『栄花物語』巻八「はつはな」には、赤子が生まれて7日目頃に胎髪を剃り、3歳になるまで伸びたら剃り、伸びたら剃りを続けて、髪を生やさなかった、とある。これは「産毛剃り」とも言われ、3歳になってする「髪置（かみおき）」の儀式に備えて行われる。

　髪置では、それまで伸びたら剃ることを繰り返していたのをやめて、髪を改めて伸ばすことになる。当初は、日を決めていなかったが、近世から11月15日がその日となり、現代の七五三祝いの起源となったと言われている。

　今日では、「七五三」をひとつの儀礼として祝っているが、もともとは3つの儀礼が一緒になったものである。3つの儀礼とは「七五三の祝い」と言って、髪置（かみおき）・袴着（はかまぎ）・帯解（おびとき）の祝いである。

■ 外国での誕生儀礼と頭髪

　ムスリムの誕生儀礼には、生後7日目に行われる「Aqiqah」と呼ばれる儀礼があり、剃髪がその一部として行われる。この儀礼では生まれた子どもの頭髪を剃り、名前を決めてから動物の生贄（いけにえ）をする。さらに剃られた頭髪は重さを測って、同重量の銀が貧しい人たちや慈善で寄付される。この儀式の目的は、子どもの誕生は神からの賜物であるからそれを報告するためで、上記日本の誕生儀礼と似ている。

　名付けの際には、例えば「Abdul Hamid」のように、アラーの数ある名前の中で最も美しいとされるものを一部として付けることが良いとされている。

　Aqiqah儀礼を行う目的のひとつは、親戚や友人らを招待して肉を含めた食事をして共に祝うことで、その際には貧しい人たちも呼ぶならわしである。

　また、インドのヒンドゥー教徒およびシーク教徒は、子どもの誕生に際し口にハチミツを含ませ、耳にピアス

の穴を開けて最初のヘアカットをする。この儀式は「Chudakarana」と呼ばれ、生後1年目が終わる前、または3年目の終わる前に、赤子の頭髪を上部の房を残して剃り落とす。

　別名「Mundana」とも呼ばれるこの儀式では、赤子の髪の毛は前世の悪い特徴をそなえていると信じられていたので、剃髪することによりそれを取り除き、新たな生活を始める意味がある。この剃髪式は、特別の儀式として男女ともに家庭で行われる。（口絵5参照）

　昔の中国では、子どもの誕生後しばらくは母親のもとに隔離し、父親に見せるのは3か月経ってからとされていた。父親との初対面はひとつの儀式として行われ、その場で初めて子どもの髪を切り整えた。この中国の儀式は、上記日本の産毛剃りと似たものと言えよう。

　バルカン半島のブルガリアでは、子どもの髪を初めて切る時には、幸運を招くように特別のパンを焼いて配った。パンを配る時を教会での洗礼式に合わせてする場合も多く、その際には祭司か列席者に髪の毛を切ってもらった。

　ブルガリア以外にも多くのバルカン諸国では、赤子の髪を初めて切ることは社会的儀式と考えられていて、イスラム教徒もギリシャ正教徒も同様である。

　ただしイスラム教徒の場合は生後7日目、ギリシャ正教徒は1歳から2歳になるまでの間にこの儀式を行ったなどの違いはある。

　このイスラム教徒の「生後7日目」にする儀式にしても、上記日本の「お七夜」や『栄花物語』巻八「はつはな」に述べられている赤子が生まれて「7日頃」の「胎髪剃りと7日」など、「7日」が通文化的に共通しており、興味深い。

成人儀礼

　成人式は多くの国々で行われている通過儀礼だ。それは思春期以前の子どもは、まだ男女として生物学的にはもちろん、社会・文化的にも確立されていないから、子どもを大人にするだけでなく、同時に男性そして女性にする儀礼である。したがって、成人式は伝統的に子どもの身体が大人のそれに変化する思春期に行われるのが通文化的に見ると一般的である。

　日本の成人式は20歳で行われてきたが、2022年4月からは18歳に引き下げられた。結果、4月1日に18、19歳に達している若者は成人とみなされる。いずれにしても日本では、法的に成人とされる若者が成人式に参加する。

しかし多くの伝統的な社会での成人式は、男女の性的特徴の変化が見られる思春期に行われており、通文化的に見ると日本の成人式は時期的に遅いのである。ちなみに奈良時代以降の日本で行われていた元服は、現在の成人式よりも早く行われていた（次節参照）。

　いずれにしてもシモーヌ・ド・ボーヴォワールの「人は女に生まれるのではない、女になるのだ」（『第二の性』）という有名な言葉の意味は、この成人儀礼を考慮しても理解できる名句である。すなわち幼い少女は「子ども」であり、成人式を通過して初めて「女性」となるのだ。

　このほかにも、例えば日本ではこれまで往々にして幼い頃から「女らしくしなさい」「女のくせに」などと言われて女性に作られてきた。もちろんこれは、男性についても同様である。詰まるところ、人は女や男に生まれるのではない、女か男に作られるのである。

　しかし近年のLGBTと呼ばれる人たちの存在が可視化されつつある現在、「女か男か」という問題はより複雑になったことは、認識すべきであろう。

成人儀礼としての元服

　奈良時代に始まり江戸時代まで続いた伝統的儀式であ

る元服は成人儀礼であり、武家の男子の元服式は、11
〜15歳の思春期に行われていた。この儀式では、烏帽
子親をたてて子どもの前髪を剃り落とし加冠するが、庶
民の場合は前髪を剃るだけで簡略化されていた。

　これは子どもの髪型である「角髪」(「鬟」とも書く) か
ら、大人の「冠下の髻」に変える通過儀礼であった。

　江戸時代には、武家、庶民ともに前髪を剃って、月代
と呼ばれる成人男性の髪型にするようにした。この時期
には、未婚の女子も18〜20歳で元服を行い、少女の日
本髪から丸髷や先笄など既婚女性の髪型に変えていた。

　庶民の間で行われていた元服に関しては、民俗学者の
宮本常一のフィールドワークによる、昭和30年代まで
の主に西日本での調査報告がある。

　例えば広島県佐々木島向田野浦で行われていた元服で
は、男子が15歳になるとチョンマゲを結び、一人前に
なる式を挙げていた。また島根県の片句浦では、男子の
元服は19歳になって行われ、その際には前髪を剃って
名前替えをしたとのこと。

　このように元服儀式では、部分的な剃髪と髪型の変更
が、子どもから大人への社会的地位の変化を表すために
重要な象徴的役割を果たしていたことが分かる。

成人儀礼と男らしさ

　通文化的に見ると男子の成人式では、往々にして「男らしさ」を示す何らかの試練や苦行が課され、それを乗り越えて初めて「立派な成人男性」「強い男」として認められる。

　その例のひとつが、現在ではテーマパークなどでレクリエーション化されているバンジージャンプである。これは、もともと南太平洋のバヌアツ共和国ペンテコスト島の成人儀礼の一部として行われていた、「ナゴール」と呼ばれる一種の肝試しの通過儀礼であった。

　幼い思春期の少年がくるぶしに命綱のツタを巻き、安全ネットもない地面に向けて高さ30メートルのやぐらより頭から飛び込んで、男らしさを示す儀式である。当然ながら少年たちの中には、怖気づいて飛び込めない者も出てくる。そんな少年は「男らしく」ないと見なされるのだ。

　アフリカのケニアに住むマサイ族では、現在は行われていないが、昔は槍1本でライオンを射止めることが成人儀礼の一部であった。苦行としてのライオン狩りが行われなくなったのは、近年の世界的な動物保護の観点からである。

　マサイ族の男性と結婚をして『私の夫はマサイ戦士』

の著作もある松永真紀が、2009年10月に倉敷市国際課の招きで講演会をされた時に、著者も参加したことがあった。

　講演後に成人儀礼でのライオン狩りのことを聞いたところ、驚いたことに表向きは禁止されているが、内密にライオン狩りは現在でも行われているとのことだった！

■　マサイ族の成人儀礼

　ここで、ヘアが重要な要素である例を、外国の成人式から見てみよう。

　上のマサイ族では、若者が通過しなければならないイニシエーション儀礼で、何回にもわたって頭髪を剃られる。彼らは、14歳の時に割礼をされて戦士となるが、その10年後に再度行われる儀式では、母親が頭髪を剃り、息子は上級戦士となる。

　男子の割礼は、亀頭部を包む皮である包皮を切除する一種の手術で、麻酔薬なしで行われるので激痛を伴う。しかし割礼を受ける男子は、泣いたりわめいたりすることなく、耐えなければならない。さもないと「男らしくない」とみなされる。通過儀礼を無事に済ませ成人男性になるためには、越えなければならない苦行なのだ。

　マサイ族の上級戦士になる際には、10年前に行った

割礼時に座った牛の鞣し革に座って頭髪を剃ってもらうのが慣わしである。この儀式が終わると、男性は妻を娶ることができるようになる。これら2つのイニシエーション儀礼で、男性は部族の下位長老となり、再度新しい地位の象徴として椅子に座って妻に頭を剃ってもらう。この椅子は一生を通じて使うことになる。

　戦士は部族内で唯一髪を長くすることが許されるグループで、通常、女性も頭髪を剃ることになっている。

コラム：女子の成人儀礼と女性性器切除（FGM）

　女子の成人式では、男子の場合のような肝試しを伴う試練や苦行はないが、それ以上に厳しい儀式が現在なお中東のイスラム圏をはじめ、アフリカの多くの国々や部族で行われている。

　それは、「女性性器切除」（Female Genital Mutilation: FGM）と呼ばれている。

　FGMは、文字どおり女性の性器の一部であるクリトリスやその周辺部分を麻酔なしで切り取ったり、膣の入り口を縫合したりするので激痛を伴う。そればかりか出血多量で死亡することがあり、一生にわたり性行為恐怖症などの後遺症で女性が苦しむと言われている。

　世界保健機関（WHO）によると、FGMには何ら健康上の利点はなく、むしろ多量の出血と排尿の困難が伴い、その後の膀胱感染症、出産困難、死産などの危険性があるという。

　FGMはアフリカ、中東、アジアなど30か国で2億人以上の、主に幼児から15歳の少女や女性たちに行われている。

　以上のことからWHOをはじめ多くの女性擁護団体などが、FGMを少女や女性の人権蹂躙として捉えていて、それをやめるように提言している。

　このFGMに関しては、セネガル人のFGM経験者であるキャディによる著書『切除されて』に詳しく記述されている。

　彼女は、自らのFGMをされた経験を赤裸々に語ることにより、「この忌まわしい因習について考え（中略）少しでも抵抗の輪を広げていけたら」と願っている。

　『切除されて』の冒頭で、キャディはわずか7歳の時に同年代の少女たちと一緒に、何の事前説明もなく「お清め」と称する儀式に連れて行かれてFGMをされた時の経験を詳しく述べている。

　それは施術師と呼ばれる「恐ろしいカミソリ」を持った女性と、2人の頑丈そうな女性が暴力的にキャディを押さえつけ、麻酔薬を使わずに女性の最も敏感

な身体部位であるクリトリスを切り取るものだ。

このように見るとWHOや女性擁護団体などが少女の人権蹂躙・虐待とみなして、FGMをやめさせようとしている理由がよく理解できると言っていい。

■ 結婚式と頭髪

結婚式においても、誕生や成人儀礼と同様、髪の毛が多くの社会や地域で何らかの役割を果たしてきた。それは、主に花嫁や妻となった女性に対して行われるものである。

前述のマルタン・モネスティエも指摘しているように、喪や誕生と同じように結婚に際しても、地球上のほぼすべての民族が女性の髪型に何らかの工夫を凝らしている。

一般的には、未婚娘の髪型から既婚女性の髪型に変えることが多い。中世ヨーロッパでは、女性は娘のあいだは髪型全体を見せてもよかったが、結婚と同時にこれを隠すか、少なくとも結い上げなければならなかった。

日本における婚礼の際に結われる髪型で、現在なお使われ、しかもよく知られているのが文金高島田である。

日本髪の髪型には古より現代まで数限りないほどあり、約300種類もあると言われている。その数ある中でも島

田髷は「この髷ほど江戸全期を通じて幅広く根強く結われた髷もない」と言われるくらいに一般的な髪型だ。そして文金高島田は島田髷の変形なのである。

　数多くの日本髪は素人目にはどれも同じように見えるが、それぞれに微妙な違いを作ることで身分、年齢、婚姻状況などが示されている。例えば島田髷は未婚女性の髪型で、既婚女性は丸髷と決まっていた。未婚女性は振袖、既婚は留袖を着る習慣と併用されていたのであろう。

　通過儀礼は、何らかの社会的地位が変化する時期に行われることはすでに述べた。前節の成人儀礼は、子どもから男性・女性の成人になるための儀式であり、婚礼では未婚から既婚という社会的地位が変わる節目である。

　では、なぜ文金高島田が花嫁の髪型とされたのか。文金高島田は、江戸後期に御殿女中や大名家の姫君が結った格式ある髪型であった。それが明治以降、清楚な髪型として良家の子女に好まれるようになり、のちに花嫁の正装として定着したのである。（口絵6参照）

　では、なぜ文金なのかについては、いくつかの説がある。まず文金とは、江戸時代の「文金風」からきているとされている。これは元来、男性の髷の根を前に出して月代に向かって急傾斜させた髪型である。その高さから優雅なものとされ、のちに女性の髷とされたと言われて

いる。この「文金風」が、文金高島田に変化・発展した
わけである。

　また、一説には徳川第8代将軍吉宗の時代に、貨幣改
鋳があり、その時の小判が「文金」と呼ばれ、嫁ぐ娘に
母親がその小判を髪の中に忍ばせたことから、文金高島
田と呼ばれるようになった、とも言われている。

　文金高島田の写真では、上部に「角隠し」と呼ばれる
白い布をかぶっている。

　一般的に、婚礼の際に文金高島田の花嫁が角隠しをか
ぶる目的には、2つあると言われている。

　1つは、嫁入りに際し、怒りを象徴する角を隠すこと
である。2つ目は、かつて女は嫉妬に狂うと鬼になると
されていたので、そうなることを防ぐための一種のまじ
ないである（このことに関しては第4章を参照）。

　文金高島田での婚礼に際し、かぶりものとして綿帽子
を使う場合がある。これは、袋状のかぶりもので文金高
島田の上からほぼ全体を覆うもので、顔はもちろん髪型
自体は見えない。この綿帽子をかぶる時は、花嫁衣裳
が白無垢の場合に限られ、色打掛の場合には使わない。

■ 葬儀と髪の毛

　家族や親戚の一員が亡くなった際の葬儀においても髪

型の変更がみられ、特に剃髪が行われる場合が多い。

　葬儀での剃髪には2つのタイプがあり、1つは遺族らが丸刈りをするタイプである。この場合、剃髪は肉親や配偶者との死別を表すものである。

　例えばヒンドゥー教徒にあっては、葬儀の最終儀礼が終わった後に、男性の遺族は剃髪を行って死別したことを表す。また剃髪することにより、自分たちに不幸があったことを知人らに非言語的に知らせることにより、人々がその状況に合った行動がとれるようにする配慮もあるとのこと。

　これは、ヒンドゥー教で「Mundan」と呼ばれ、長老が亡くなった際に行われる重要な儀式であるが、近年はあまり行われなくなっている。

　Mundanには2種類あり、1つは故人の妻が一生を通じて寡婦でいることを知らせるもの。したがって夫を亡くした妻が再び毛髪を生え返すことはない。

　このタイプは高いカースト階級の人々の間で行われているが、消滅しつつあると言われている。2つ目のタイプは、喪に服している限られた期間だけに頭髪を剃る種類である。

　2010年、獄中でノーベル平和賞を受賞した中国の民主化運動の活動家劉暁波氏は、2017年7月13日に亡くなったが、彼の火葬後に行われた海上での散骨を伝える

報道には、剃髪した妻の劉霞氏の写真が見られた。

　それ以前の劉夫妻の写真を見ると、両者とも丸刈りのショートヘアであるが、散骨式での劉霞氏は明らかに剃髪したばかりで、葬儀のために剃ったものと思われる。中国における葬儀と剃髪の習慣については不明であるが、この状況での剃髪の象徴的な意味は推測できそうだ。

■ 遺体の剃髪

　葬儀の際に行われる剃髪の2つ目のタイプは、遺体自体の頭髪を剃るものである。

　江戸時代の葬儀では、町人の場合、ほとんどが家主の許可を得て行われる座棺であった。この場合は、蓋付きの丸い桶（おけ）に遺体が座禅を組む形で入れられた。そして納棺の際に、死者の毛髪を剃り落としたのだが、それは仏門に入る式で仏の定めた戒律を受けて仏弟子となる「髪剃（こうぞ）り」を模倣したものであると言われている。

　遺体の剃髪は、いわゆる湯灌（ゆかん）の一部として行われていた。湯灌とは湯で遺体を洗うことで、現代では湯灌師または納棺師と呼ばれる職業人が、遺族の要望に応じて駆けつけてくれる。

　横井教章は、民俗誌に基づいて昔の日本各地における湯灌について考察している。例えば、昔の長野県諏訪湖

畔地方では、村共有の湯灌盥に水を入れてからお湯を注ぎ、肉親が立ち会って遺体を綺麗に洗った。そして被葬者より年下の者が、被葬者が男性の場合に髪の毛を剃り、女性の場合には髪を切ったとされる。

■ 力士の断髪式

　一般的な儀礼ではないが、社会的な地位の変化が伴うという意味で、引退力士の断髪式は通過儀礼のひとつである。断髪式は、いわゆる相撲取りという職業を辞めて、相撲部屋の親方やちゃんこ鍋店主など他の地位や職業に就き、第2の人生を始める前に行う儀礼だからだ。

　そして相撲取りという職業にとって、髷は力士であることを表す重要なシンボルであり、それを断髪して普通の髪型に戻るこの儀式ほど、頭髪が持つ象徴的な意味を理解する上で良い例はないであろう！

　引退した力士がそのシンボルともいえる大銀杏を切り落とす断髪式では、通常は引退力士の親方をはじめ家族、友人、後援者らが順番に土俵へ上がり、そこに紋付羽織袴で座っている力士の髷に少しずつ鋏を入れる。そして最後に、師匠にあたる親方が「止め鋏」と言われる髷の切り落としをして終わりとなる。

　髷に鋏を入れる人たちの数は300人にもおよぶ場合も

あるが、大体数十名から百数十名前後であると言われている。また土俵は女人禁制であるため、家族であっても女性は上がれない。

　なお、この女人禁制に関しては、2018年4月に行われた京都府舞鶴市での大相撲舞鶴場所で問題になったことは、記憶に新しい！　その時は、土俵上で挨拶中の多々見良三市長が倒れた際、心臓マッサージなどの救命処置をしていた女性たちに、「女性は土俵から下りてください」とのアナウンスが数回行われ、物議を醸した。

　断髪式は引退力士にとって、長年にわたって頭に結ってきた髷がなくなることから、「本当に大相撲から引退するのだ」という気持ちと、それまでの相撲人生におけるたくさんの思い出がよみがえり、感極まって大粒の涙を流してしまう場合が多いと言われている。

　しかし、この感傷的になりがちな断髪式は、第48代横綱大鵬の弟子の友鵬勝尊の時は違っていた。友鵬は関取にはなれずに引退したので、通常なら断髪式をしてもらえないのだが、平成3年9月場所前に大鵬部屋で連合稽古があった際、師匠の大鵬が若乃花・貴乃花らも来たあとの土俵で特別に行ったのだ。

　断髪式の回想録によると、約180名もの人たちが鋏を入れた後、師匠の止め鋏が近づくにつれて、友鵬の目頭が熱くなっていた。

　断髪式が盛り上がった時に、友鵬の父親が鋏を入れる番になって、大鵬が「友鵬そっくりだな。友鵬も禿げるぞ」とつぶやいたので、その瞬間、辺りがドッと沸いてしめやかな雰囲気が一瞬に吹っ飛び、大爆笑だったと振り返っている。

　一方、2つの違った通過儀礼を同時に挙行した珍しい例がある。断髪式は、力士のシンボルとしての髷を切ることにより引退を表明する儀式であるが、その断髪式を結婚式と同時に行ったケースである。

　それは、昭和時代以降最高齢力士であった一の矢 充の場合だ。2007年11月場所で引退した一の矢は、当時46歳で翌年の2月に結婚式を行い、その一環として断髪式を挙行した。

　結婚式では大銀杏を披露し、式典の途中に組み入れられた断髪式では、新婦も髷に鋏を入れた。しかも当時40歳で雑誌編集者の新婦は、文金高島田で式に臨んだ。

　この章では儀礼において髪の毛が果たす状況を見ることにより、誕生儀礼から葬儀までヘアが重要な役割を果たしていることが理解できた。

　次章では髪の毛と同時に使われ、なくてはならない要素としてのかぶりものについて探索したい。

第4章

頭髪とかぶりもの

前章まで、私たち人類はヘアをさまざまなスタイルに整えるだけでなく、長髪や丸坊主などに加工し、状況に応じて多様な意味を持たせていることを見た。同時に、頭髪に何らかの飾りものを付けることにより、個々の場合に合った意味を付与してきたことも理解した。

　この章では、特に頭部全体、またはその一部を覆うかぶりものについて、さまざまな社会や文化からの例を挙げて見てみよう。

■　かつら（ウィッグ）

「人類は最古の時代から社会的、政治的な理由で頭髪に似せたかぶり物を利用してきた」とカート・ステンが『毛の人類史』の中で指摘しているように、かつらは単に美容目的、またハゲをカバーするためだけではなく、それら以外のさまざまな目的で使われてきた。

　古代エジプトにおいては、特に王族と廷臣らの生活で広く使われていたのだが、皮肉なことに上流階級では頭髪をわざわざ剃ってまでして、人毛やナツメヤシの繊維で作られた全かつらをかぶるのは性別を問わず普通のことだった。

　このように、かつらは古代より使われており、エジプトの美髪の歴史はかつらの歴史と言ってよいくらいで、その技巧は精巧を極め驚くものがあったと言われている。

　実のところ日本においても、古来かつらは使用されて
きた。元アデランス社員でカツラ研究者の益子達也によ
ると、奈良時代にすでに「大宝律令」で、女性は朝廷で
宮仕えする際は朝服に「義髻」と呼ばれた付け毛（入れ
髪）を使用するように定められていた。

　平安時代になると、清少納言は『枕草子』の中で、赤
く染めたかつら（付け毛）が使われているエピソードを
書いている。

　紫式部の『源氏物語』でも、髪・かづら、または「加
美乃須恵」（垂髪〔すいはつ／たれがみ〕の下の方に付けたつ
け髪）という表現が使われており、当時からかつらが使
用されていたことが分かっている。

　これらのかつらや付け毛はその後、髪の毛は「か文
字」と呼ばれるようになり、桃山時代には薄い髪の上に
束ねる髪型を意味し、か文字や髪文字は「入れ毛」を指
すようになる。

　髪型がおよそ300種類もあると言われる江戸時代に
あっては、多様なか文字が登場した。例えば、髪を結ん
だ前髪、鬢、髱、髷などの各部分には、まえがみ、びん
はり、びんみの、長か文字などが使われるようになり、
明治に入ると髪型は200種類ほどになり、か文字も多く
使われるようになる。

英語では「head covering（頭を覆うもの）」と言うことからも分かるように、ここで「かつら」を取り上げるのは極めて当を得たことである。

　髪を結う技術が非常に進歩していた古代エジプトの王朝時代において、かつらはすでに用いられていたのだが、それは女性の髪をいくつかに区分けして、螺旋状にカールにしたり、ブレイドに編んだりして象牙や木の櫛、羽根飾りなどを用いたため、多くの髪を必要としたからだと言われている。

　今からおよそ5000年前に始まったとされる古代エジプトの人々が、どのようにしてかつらを使用するようになったかは明らかでない。しかしその理由としてはいくつかの説が挙げられている。

　例えば、太陽から身を守るための配慮だったという専門家がいる。また、豊かでない髪を隠すためと主張する研究者もいる。紀元前14世紀のエジプトの美しい王妃ネフェルティティは、完全脱毛症のためかつらをかぶらざるをえなかったとも言われている。

　いずれにしてもネフェルティティの例から、すでに数千年前に病気が理由でかつらが使われていたことが分かる。これは、現代で言うところの医療用の「ウィッグ」にほかならない。

　上述では「かつら」の他に「ウィッグ」という表現を使ったが、両語には大まかな用語の使い方があるようだ。「かつら」は、舞台用や男性の薄毛隠し用などを指す。

　他方「ウィッグ」は、ファッション用や医療用のかつらを意味し、「医療用ウィッグ」などと特定の言葉を付け加えることもある。また、部分かつらは「ヘアピース」、または「ヘアウィッグ」などとも言われている。

　とは言っても、かつらとウィッグの呼び方は、その関連会社によりさまざまで、一概に一般化することは難しい。

　アメリカにおいて、かつら作りの専門家のところに来る顧客の依頼には、4つの理由があると言われている。それは医療、宗教、社会的プレッシャー、演技である。

　以下では、日本も含めてかつら使用の状況を見てみよう。

1．医療とウィッグ／かつら

　一般的にウィッグまたはかつらは、ファッション感覚で外出の際にヘアスタイルを気にすることなく、その時の場所や服装に応じて選ぶことができて便利なのでよく使われるようだ。

　働く女性が増えた現代社会において、これは多くの人々に重宝がられている。また薄毛や白髪を隠して、頭

髪のボリューム感を出すために使う女性もいる。

　しかし、かつら使用の目的はファッションだけではない。すでに述べたように、かつらは医療目的としても使われている。例えば、ガン治療のひとつとして化学療法を採用した際に起こる後遺症脱毛や円形脱毛症などによる抜け毛など、医療目的で着用するウィッグがある。

　ただし「医療かつら」には厳密な概念があるのではなく、メーカーにより仕様や機能は異なるとのことだ。

　髪のプロフェッショナルと自ら名乗る「アデランス」のサイトでは、女性用の医療ウィッグはショートからロングまで、いろいろなヘアスタイルがあり、価格も約1万円からあってさまざまだ。

　また、医療用ウィッグにもオーダーメイドがあり、「来店不要のフルオーダーメイドウィッグ」との触れ込みをしていて、顧客は自らの好みや頭の形に合ったウィッグをネットで注文することができる。

　他方、女性用医療ウィッグ専門店のワンステップでは、ショートウィッグで18万6000円からロングウィッグでは22万5000円の、業界で当たり前とされている合成繊維製を撤廃して環境に配慮した天然繊維製のウィッグを取り扱っている。

　日本におけるかつらを中心とするヘアケア市場規模に

関する調査によると、2018年度は4400億9000万円であり、そのうちの28.7％が毛髪業市場で、ウィッグまたはかつらがここに含まれると思われる。最近では女性用かつらの低価格品が台頭している。

　また、女性は新規にかつらを購入する際には抵抗感があるという調査結果もあり、こうした新規ユーザー層をターゲットにした女性用部分かつら市場も活性化してきており、今後も毛髪業市場は国内の女性用需要を中心に伸びるものと見込まれている。

　ただしこの調査では、医療用のウィッグ使用率がどの程度なのかについては不明である。

　医療用ウィッグに関して便利なのは、レンタルウィッグだろう。脱毛症患者や薄毛治療中をはじめガン治療患者らが、医師の勧めで利用する短期のレンタル使用である。
「回復支援の一環として、必要な期間に必要に応じて使用できる医療用ウィッグ（かつら）のレンタル」をスタートした会社もある。しかも1日単位（216円）で手頃な価格である。

　それに加えて、レンタルウィッグは免許証やパスポート用の写真撮影目的や家族の結婚式出席など短時間の使用に向いており、需要がありそうだ。

フォンテーヌの「初めての医療用ウィッグ」のパンフレットには、購入の際に直接自分の目で見て試着することの重要性を指摘している。例えば、裏地やウィッグの毛質はどうか、また色を太陽光など明るいところで確認するなど。そして試着の際には、違和感はないか、耳にネット部分が当たってないか、えり足部分はフィットしているかなどを確認することだ。

パンフレットではまた、レディメイド（既製品）とオーダーメイドのウィッグを比較して、作り方による違いを紹介している。以下ではその違いをみてみよう。

レディメイド	オーダーメイド
○ 比較的安価	△ 比較的高価
○ 購入した日から使える	△ 作成に約30日かかる
△ 既存の色・スタイルからしか選べない	○ スタイル、色、毛質を選んで希望のウィッグを作ることができる
△ サイズ調整のできるものとできないものがある	○ 頭の大きさに合わせて作成するのでフィット感がある

２．宗教とかつら

前述のように古代エジプト人はすでに当時かつらを使っており、バビロニア人その他オリエントの人たちも、

エジプト人と同じように身分や階級を髪型で表すために
かつらを使用していた。

　例えば上流階級のかつらは、本物の毛と植物性繊維の
両方を使っており、農民や庶民は短髪や丸刈りだったが、
宗教儀式や家族の祝い事の際には、馬毛や麻繊維で作ら
れたかつらをかぶっていた。

　古代以後もかつらをかぶる習慣は続き、中世キリスト
教社会でも盛んであったが、その頃から宗教的使用が認
められたわけではない。

　例えば中世では、若い未婚の娘だけが髪をなびかせる
ことを許されていたのだが、説教師は娘たちが付け毛を
組み合わせていたのには反対していた。教会にとってか
つらを着けることは、虚栄であるだけでなく、死者の髪
を身に着けるという恐るべき背徳であったからだ。

　16世紀のフランスでは、キリスト教会が付け毛をし
ている一般教徒を破門すると脅していたが、17世紀の
後期になると、聖職者までもがかつらをかぶり始めた。

　すなわち、今度はかつらの流行に染まってしまった聖
職者を教会が脅さなければならなくなり、1662年には
フランス北西部の都市、バイユーの司教が、わざわざ聖
職者によるかつらの使用を禁止しなければならなかった。

　中世のヨーロッパでは女性は髪全体を見せてもよかっ

たが、結婚と同時に頭髪を隠すか、少なくとも結い上げなければならなかった。

　現代においても、正統派ユダヤ教徒の女性にあっては、結婚後自分の頭髪を覆い始める。夫と近親者以外に、自毛を見せることが許されていないからだ。

　その結果、「かつら」を意味するイディッシュ語で「シェイテル」と呼ばれるものをかぶるのが習慣となっている。天然毛で作られたシェイテルには、その毛がユダヤ教の律法に適切に従ったものであるという証明書を付けなければならない。

　またシェイテルは、かつらの中でも作るのが特に難しいとされている。なぜなら、同じ宗派の人たちに受け入れられる程度に質素でありながら、同時にそれを使う女性にとって十分に魅力的である、という2つの要素を両立させなければならないからだ。

コラム：コーリー・キルガノンによるキャラクター調査

Character Study by Corey Kilgannon.
「もし人生が公平なら、私は5フィート4インチ（約163cm）だったはずよ」と豊かな髪の毛を優しくなで、櫛とドライヤーで形を整えながらタナカ・エツコさんは語った。

　顧客用の椅子を一番低くしてつま先で立っても、タナカさんは客の頭頂部を整えるのに苦労するほど背が低い。

　「私は4フィート11インチ（約150cm）しかないので、ハイヒールを履かないとダメなのよ」とタナカさん。

　日本生まれでユダヤ教に関する知識のない39歳のタナカさんの人生の気まぐれ性は、結婚後宗教的な必要性に従うためにユダヤ正教徒の女性が使う、高価なかつらのスタイリングを専門にしていることからも証明されよう。

　「皆さんは、私のことを日本人Sheitel macherと呼んでます」とタナカさんは言う。それはイディッシュ語で「かつら売り」のことだ。

　タナカさんはイディッシュ語が話せないし、かつらも売ってはいない。しかし彼女は、たとえかつらが5000ドル（約70万円）もしようと、お金持ちで上品な伝統を守りたいユダヤ人女性たちのスタイリストだ。

　タナカさんが仕事をするマディソンにあるJulien Farelサロンでは、上品に見えることにさほど重要性はない。

　かつらの洗髪・カット・ドライは2時間以上かかり、タナカさんの報酬は450ドル（約6万3000円）だからだ。

3．社会的プレッシャーとかつら

　周りの人たちから感じるプレッシャーでかつらを使う
ケースもある。この場合、純粋に外見を飾る目的でかつ
らを着用するもので、そのほとんどが女性であろう。

　かつらを使うメリットは何と言っても、朝起きた時に
経験する寝癖毛などの際に、手持ちのかつら／ウィッグ
があればすぐ使用できる手軽さであろう。

　また、かつらがあればその日の服装やイベントに合っ
たヘアスタイルを選ぶ際にも選択肢を広げることができ
る。

　アメリカのアフリカ系女性の間では、かつらが大変人
気である。彼女らの中には、ひとりでいくつものかつら
を所有し、その購入と維持のために1か月に数百ドルを
使うことも珍しくないとのことだ。

　おしゃれやファッション以外に、ここで挙げたいのは
「薄毛・ハゲ対策」である。人類は歴史的に見ても、大
多数の人々が毛髪を最も貴重な装飾品のひとつと見なし
てきて、それを失うことは取り返しのつかないものであ
る、と考えてきた。

　これは、体毛と比べると全く逆の現象であると言える。
すなわち、こと頭部以外の身体部分にある体毛に関して
は、さまざまな方法で脱毛処理をする人が多い。

　その証拠に、「脱毛サロン」は大流行で「全身脱毛」

なる処理法もある。新聞や雑誌はもとより、電車や地下鉄の車内でも脱毛に関する宣伝が目につく。

また、最近では恥毛を剃る女性も増えているとのことで、その証拠にインターネットには「アンダーヘア処理」として、医師がさまざまな恥毛処理の方法についてメリット・デメリットを含めて解説しているサイトがあるくらいである。

他方で、頭髪の喪失はすべての人が悩む重大なことだと言っていいだろう。

アメリカで行われた調査で髪の毛がふさふさの男性に聞いたところ、彼らの25％はハゲになるくらいならば寿命が5年縮まった方がいいと答えた、とのこと。またヨーロッパでは、髪を失ってひどく嘆いている男性は2000万人以上おり、その中でフランス人のうち400万人が20歳から25歳であるとも言われている。このハゲへの対処法のひとつが、かつら・ウィッグの使用なのである。

しかしながら最近になってハゲに対する考え方に変化がみられるようになり、以前に比べてより肯定的に捉えるようになったことは注目に値する。

ハゲについての出版でも、例えば2018年には松本圭司が『ハゲを着こなす』と題する本（WAVE出版）を出した。同年には、荒俣宏も『ハゲの文化史』（ポプラ新

書）と題して、過去に出した頭髪に関する内容に手を加えた本を出版している。

　このハゲに関する新しい現象については、第7章で詳しく取り上げる。

４．演技とかつら

　かつらは装いやファッションの一部として日常生活で使われる他に、舞台などでの演技の際にしばしば使われている。その良い例が、映画やテレビの時代劇や、歌舞伎舞台での人物を演じる場合である。時代劇とは、平安朝から明治維新前後までの過去の時代を題材とした映画、演劇、テレビドラマを指す。

　これらでの演技では、当時の衣装を着た人物が登場することから、英語ではcostume play（コスチューム・プレー）と呼ばれ、日本語では「まげもの」と言われている。

　時代劇では着物はもちろんのこと、髪型が男女とも現代とは全く異なるので、かつらをかぶる必要があるのは当然だ。例えば戦国時代以降における男性の髪型の特徴は、月代といって額髪を中央にかけて半月形に剃り、残りの髪の毛をまとめて髷を結い上げた。

　なぜ月代が行われたかについては諸説がある。例えば、武士は合戦の際に兜をかぶる必要から、頭がのぼせるのを防ぐためと言われている。

　したがって神官、学者、医者は戦に行かないので、いわゆる「総髪」と言って月代はない。頻繁に髪の毛の手入れができなかった浪人も、月代はなく総髪を結っていた。

　女性の場合は、江戸時代初期に日本髪の四つの原型が生まれたと言われ、その原型とは「兵庫髷」「島田髷」「勝山髷」「笄髷」の「四大髷」である。これらを基本に日本髪は数々の変遷をとげ、江戸後期にかけて膨大な種類へと極めていった。島田髷は、少女を含めた一般女性の髪型で、多くの種類がある。

　以上のように日本髪には多数の髪型があるので、そのかつらも当然ながら多種多様である。東京にあるかつら店のサイトを見ると、50種以上の女形のかつらを写真付きで紹介しており、それらは一部であると書かれている。
　例えば島田髷には、まわりの結い方や、髷の大きさ、形、飾りを変えるだけで娘、遊女、芸者、女中等、幅広い役で使うことのできる多くの髪型があるという。

　力士の髷を結い整える職人は「床山」と呼ばれるが、同様に女形の髪を結う人も床山といい、そのかつらを作る裏方は「かつら屋」と呼ばれている。

演目と配役が決まると、「かつら師」と呼ばれる職人と床山が、役者のところに出向いて、3人で「かつらあわせ」をする。その際には役者の希望を聞き、役者の頭に合わせて土台を作る。その土台に、「羽二重」と呼ばれる織物に髪の毛を植え付けたものを付けてかつらに仕上げる。それぞれの役者の土台は保存され、保存中の土台数は2万点に及ぶとのことである。

　映画俳優や舞台女優たちが演技の役柄を演じるために使用するかつら以外に、近年日本で注目されているのが、いわゆる「コスプレ」で使われるウィッグである。これは、アニメや漫画の登場人物、キャラクターに扮するもので、一種のプレー（演技）である。
　最近、USJなどのテーマパークをはじめ、新宿や渋谷などで見られるハロウィーンの仮装パレードでも、さまざまなコスプレ衣装と共にウィッグを身に着けた若者たちが、マスメディアを賑わせている。

　インターネットにはコスプレ愛好者のサイトがあり、メンバーがいろいろなテーマについて情報を交換している。そんなサイトのひとつである「Cosplayers Archive」のメンバーが、会員に所有するウィッグの数を聞いて調べたページがある。
　それには、31名の会員が返答しており、最も少ない

人で3着、最も多い人で75着とする回答があった。これは、平均すると1人22着となり、予想以上に多い。

日本の花嫁とかぶりもの

　一般的に頭を覆うもの、または頭に何かを載せるものを「被衣」と言う。近年における和式の結婚式では、花嫁は2種類の被衣を着けることが慣例となっている。よく見かけるのは、「角隠し」と呼ばれる白い覆いで、日本髪の文金高島田にこの被衣が着けられる。

　もう1つは、「綿帽子」と呼ばれるもので、これは日本髪と顔部のほぼ全体を覆うものである。以下で見るように、歴史的には綿帽子がまず使われ始め、徐々に角隠しに移行した。

　周知のように洋式の結婚式でも、ウエディングドレス姿の花嫁は、頭部にヴェールや花などが付いた飾りを付けるのが慣習である。

　このように、花嫁が頭に何らかの飾りやかぶりものを付ける習慣は、洋の東西を問わずに見られて興味深い。

　ここでは、和式の際に見られる2種類の被衣、すなわち綿帽子と角隠しについて見ていきたい。

1．綿帽子

　綿帽子は、真綿を薄く引き伸ばして作られる被衣の一

種である。江戸時代に庶民の間で使われ、武家の婚礼儀式には見られなかった綿帽子が使われるようになったのは、元禄時代になってからである。

　文献によると、元禄5年（1692年）の刊行書には、綿帽子をかぶった花嫁が描かれている。また、その頃の上層町人の婚礼儀式の様子を挿絵と共に詳細に紹介した元禄10年（1697年）刊行の『嫁娶調宝記』（遠藤元閑撰）には、白小袖に白打掛を羽織って綿帽子を深くかぶった花嫁が描かれている。

　江戸前期の武家の婚礼では、この被衣が使われたという記録はなく、庶民独自の風習だと考えられている。しかし、江戸中期から後期にかけて綿帽子が武家の婚礼にも広がり、文化6年（1809年）に刊行された一般庶民向けの小笠原庶流礼法書『小笠原諸礼大全』（法橋玉山著）の武家による婚礼の解説では、挿絵に綿帽子をかぶった花嫁が描かれている。

　江戸後期には、婚礼の際の着用が一般化した綿帽子ではあるが、近代になって変化することになる。すなわちこの時期の特徴としては、「綿帽子」の着用はしだいに少なくなり、全国的に「角隠し」が主流となっていることだ。特に大正・昭和期においては、地域によりばらつきがあるが、主流は全国的に角隠しである。

　では、綿帽子をかぶることには一体どのような意味が

あるのだろうか⁉　前章で簡単に述べたが、ここでは詳しく見てみよう。

　近代における婚礼での綿帽子など、かぶりものについて研究をしている増田美子編『花嫁はなぜ顔を隠すのか』によると、ひとつには平安時代から脈々と伝えられていた上流社会に見られた女性の顔隠しの風習に倣ったと考えられる。またそれだけでなく、綿帽子着用には頭髪との関連性もあるとのこと。
　日本髪に綿帽子での挙式は「神前結婚」と呼ばれるように、神様の前で結婚式をすることである。そして神様の前で行われる儀礼の際にかぶられる綿帽子は、「中世において仏教思想の普及によって女性に求められた、女性の象徴である髪を隠すという行為の継承であり、それは裏返せば、神仏へのつつしみを表現するという意味ともなる（略）」（増田美子、2010）。

　綿帽子着用には、髪隠しと顔隠しの2つの意味があると考えられている。すなわち、かぶりもので頭髪と顔を隠すことにより、神に対するつつしみを表しているのだ。
　なぜ花嫁は顔を隠すのかという疑問については、被衣や笠などで顔を隠す姿は高貴な女性を象徴する上品で優美な姿と捉えられ、そのような姿が美しくてつつましく優美であるからこそ、花嫁の装いとして定着したのであ

ろうと考えられている。

　他方、髪を隠すことの意味については、出家した女性が髪を隠した（剃髪した）ように髪は女性の象徴であり、綿帽子をかぶることで女性（女であること）を隠したのだ。

　なぜかというと、女性を否定することが極楽往生の要件だからだと考えられる。また、被衣としての綿帽子の機能を考えてみると、それは花嫁を見られないようにすると同時に、お披露目をする目的があるとされている。

　すなわち、綿帽子は顔が見えないくらい目深にかぶることで、他人に見られなくするのだ。また、綿帽子を取るタイミングは、多くが三三九度の祝言終了後に行われる例が多いことから、花嫁を披露する意味があったと考えられている。

２．角隠し

　綿帽子と違い、角隠しは文金高島田の前面から後ろに回して髷の部分でとめる帯状の白い布である。すでに上で述べたように、大正時代に綿帽子の使用頻度が少なくなり主流は角隠しに移行した。しかしながら、現代では綿帽子と角隠しが両方とも被衣として使われている。

　どちらを選ぶかは、花嫁の身長、顔の大きさ、性格（緊張しやすい⁉）などを考慮して決めるとするカップルがいるとのこと。また、前撮りで綿帽子、挙式当日では角隠し、というように両方を使う方法もあるようだ。

　一般的に角隠しの意味に関しては、元来女性が持っている嫉妬心に狂うと鬼になるので、それを防ぐための一種のおまじないであると言われている。

　また、嫁入りをするにあたって、怒りを象徴する角を隠すことにより、従順な妻になることを示しているともされている。

「角隠し」には、儒教に基づいて求められ続けた平安前期からの上流社会の女性の顔隠しの風習と伝統と、仏教における女性の立場から来た女体そのものを隠すことの意味があるとも言われている。

　さらにその象徴としての髪を隠すこと、そして自らの角を自覚して心を隠して従順、温和を求められた明治時代の嫁の伝統が込められている。

　角隠しは綿帽子のように顔を隠さないので、かぶりものを取ることで花嫁を披露するという意味合いはない。むしろ「髪を隠す」という意味が強かったという見方もある。

　また、古い時代から女性の長い髪には霊力が宿ると考えられ、悪霊にとりつかれないように髪を覆い隠したという言い伝えが婚礼にその形を残しており、角隠しには「髪を隠す」または「守る」という意味があるだろうとも言われている。

■ インドネシアのヒジャブとムスリムファッション

　一般的にも知られているように、女性イスラム教徒（ムスリマ）は外出時にヴェールを着けており、それは体のどの部分をどこまで覆うかにより名前やスタイルの違いなど大変多様である。例えばアフガニスタンでは頭から足元までを覆う「ブルカ」（burka）の着用が通常だが、インドネシアではより短い、頭部と首を覆う「ヒジャブ」（hijab）が使われている。また、これら2種類のヴェールの間には、国や地域により名称やスタイルに幾種類かが存在する。

　ここでは、インドネシアにおけるヒジャブを中心に、近年のヒジャブ復興と、それがファッションに与えている影響について見てみよう。

　ヴェールには精神的、文化的、そして政治的な意味があると言われている。そのひとつとしてしばしば挙げられるのが「女性の抑圧」である。すなわち女性はその意思に反して、また信仰などとは関係なくヴェールの着用を強制されている、とする考えである。

　しかしながら、近年のインドネシアにおけるヒジャブ着用の復興とムスリマたちの活動やイスラム教への思いを考えると、上記のような「女性の抑圧」とは異なる状況であることが分かる。

■ インドネシアのムスリム

　インドネシアは、人口の90％にあたる2億5000万人がムスリム（イスラム教徒）だと言われる世界最大のイスラム教国である。しかし宗教的実践についてはアラブ諸国のそれとは異なり、比較的に穏健で、土着の文化や習慣が混合した、いわば『亜流』のイスラム教だとも言われてきた。

　しかも「アバンガン」と呼ばれる人々は、イスラム教徒であると名乗っているにもかかわらずイスラム教の教えには関心がなく、したがって宗教的実践もしない。

　残りの10％はイスラム教徒以外のヒンドゥー教徒や仏教徒であり、イスラム教国と言われながら人口構成的にも他のイスラム諸国とは異なるのがインドネシアの特徴である。（口絵7参照）

　インドネシアにおける宗教的実践についてのアラブ諸国との違いで特筆すべきは、ヒジャブの着用である。そもそも、近年インドネシアではヴェールの着用が宗教的に義務化・習慣化されてはいなかったばかりか、多くのムスリマたちがヴェールを着用し始めたのは1990年代になってからである。

　それには1960年代に台頭したスハルト大統領による開発独裁政権下（1968-1998年）で、公立学校でのヴェー

ル着用禁止が1982年に制定されたこともあり、限られた女性しかヴェールをかぶらなかったこともその背景にあるようだ。しかし1991年にはその制服規定が改定されて、ヴェール着用が解禁されたのである。

　ヴェール着用解禁後の1990年代には、女子学生たちが学習会や勉強などでイスラム教について学ぶと同時に、ヴェールを着用するようになる。高校生の中には「ロヒス」と呼ばれるイスラム教について学ぶ活動に参加して、「ジルバブ」（後のヒジャブ）をかぶり始めた者もいた。

　また女子大学生の間では、イスラム教を実践するグループに入る者が出て活動し始めた。それは「ダアワ運動」と呼ばれ、周囲にイスラム教を広め、そのより良い理解と実践を呼びかけるものである。インドネシア国内にあっても、ヴェールを着用している女性は教育程度が低く、貧しくて保守的な田舎者で、男性に従うだけ、という先入観があったからだ。このようにインドネシアでは、若いムスリマたちが率先してヴェールを着用し始めたのであり、決して抑圧されていた女性たちが強制されて着用したわけではなかった。

　長年ムスリマたちのファッションを研究してきた野中葉は著書『インドネシアのムスリムファッション』(2015) の中で、「少なくとも2004年当時のインドネシア社会の中でジルバブを着用した女性の位置づけが、非常に高かったことを示すものである。敬虔で品行正しい女

性がジルバブを着ける、という当時のインドネシアの男性たちの間での共通認識があるからこそ、ジルバブがある種の記号的役割を果たし、ジルバブの女性にはからかったり、いたずらしたりしない、という暗黙のルールが守られていたのである」と述べている。ジルバブとはインドネシ語で、ヒジャブのことである。

コラム：ムスリムファッション

　近年、インドネシアではムスリムファッション業界の先駆的なデザイナーが活動をし始め、ヴェールが持つ意味合いもより肯定的になり、人々に受け入れられるようになった。

　そしてこの傾向は、インドネシア国内にとどまらず、外国にも広がっていった。例えば、2016年のニューヨークファッションウイークで、インドネシアのデザイナーであるアニーサ・ハシブアンは、ヒジャブを着けたモデルを登場させてデビューし脚光を浴びた。

　またNHKは2016年11月19日のテレビ番組「おはよう日本」で、日本発"ムスリムファッション"最前線と題して、「東京で開かれたファッションショー。ランウェイに登場したのは、イスラム教を信仰する国々の最新ファッションです。肌の露出を抑えた、エレガン

トで洗練されたデザイン」と紹介している。

この番組では、ムスリムファッションを手がける日本人デザイナー井上里英香についても詳しく伝えている。

ムスリムファッションの発祥の地がインドネシアであり、その特徴のひとつが体の大部分を覆い、ボディーラインを目立たなくするデザインで、それにコーディネートして着けるのがヒジャブなのである。

このスタイルは、別名「modest fashion」（控えめファッション）とも呼ばれ、最近のファッション業界で最も注目されている分野のひとつだ。ファッション情報サイト「FASHIONSNAP.COM」は、「ムスリムのファッション消費額は2017年に2700億米ドル（約30兆8000億円）を計上し、これは日本国内の消費額と比べると約10倍の規模で今後も伸び続け、2023年には3610億米ドル（約41兆2000億円）に達すると予測されている」と伝えている。

■ ヴェールと花嫁

結婚式での花嫁のヴェールは古来多くの国々で着用されてきており、古くは紀元前3000年頃のシュメールで、

花嫁の着用に関する記述が残っている。

　古代ギリシャ・ローマの時代にはさまざまな意味合い
が与えられていた。例えば、花嫁の幸せを妨げようとす
る悪霊から彼女を隠し、悪霊を驚かすために着用された
と言われている。

　その後、欧米諸国でヴェールが常用されるようになり、
その意味も神の前での女性の節度や従順さ、そして白い
ヴェールの場合は処女性を表すようになった。この
ヴェールに込められた花嫁の従順性については、先に述
べた日本の角隠しの象徴性と共通することでもあり、興
味深い。

　近年、日本の結婚式は、大きく分けて神前式以外に教
会式と人前式の3つの挙式スタイルが基本だ。ある調査
によれば教会式は65.3％、続いて神前式は19.2％、人前
式が15.5％で、教会式が最も多い。

　そこで以下では、教会式（洋式）で多くの花嫁がかぶ
りものとして用いるヴェールについて考えてみる。

　2018年に行われたイギリスのハリー王子とアメリカ
人女優メーガン・マークルのロイヤルウエディングは、
ロンドン郊外のウィンザー城内にあるセント・ジョージ
礼拝堂で、厳かで盛大に行われたことは記憶に新しい。

　花嫁のメーガンがどのようなウエディングドレスで式

に臨むかは、花婿のハリー王子でさえ知らないということで、式の直前までファッション界をはじめ多くの人々の関心を集めた。

　礼拝堂に到着して車から出てきたメーガン・マークルのドレスは、シンプルだが麗しい七分袖のボートネックドレスに5メートルにも及ぶシルクのヴェール姿だった！　しかもそのヴェールの全面は、頭から顔を覆う通常のものではなく、全身を覆う大変長いものだ。

　メーガン妃が着用したウエディングヴェールには、特別の象徴的な意味が込められていたと言われている。ケンジントン宮殿によると、5メートルに及ぶヴェールの縁に飾られた53の花の刺繍は、イギリス連邦に加盟している53か国を表しているとのこと。そして、ヴェールの全面にある小麦の収穫物は、愛と慈悲心を象徴している。

　メーガン妃のヴェールは王家の人々が用いる特殊なもので、民間人の結婚式ではよりシンプルなヴェールが一般的だ。しかも民間人のヴェールは、頭部から背中まで垂れ下がった長いヴェールで顔全体を覆うもの、そして頭髪だけをカバーするものなど、国、文化、個人の好みなど多様な種類がある。

　欧米をはじめ東アジアなどでも一般的で人気のあるのは、ヘアの一部分、または全体を覆う白いヴェールであろう。

　近年の白いヴェールが世界中で使われるようになった
起源は、イギリスのロイヤルウエディングであるとされ
ている。白いヴェールを最初に用いたのは、イギリスの
ヴィクトリア女王だった。1840年に行われたアルバー
ト王子との結婚式でのことで、当時はヴェールをも含め
てウエディングドレスは色物が主流であった。しかし
ヴィクトリアはあえて白い色を選んだ。しかも、後頭部
の髪の毛にヴェールを留めるために、ティアラではなく
オレンジ色のリース（花冠）を使った。

　また、当時のアメリカの雑誌『Godey's Lady's Book』
は、白いドレスは子どもの純粋さと純潔、そして女王が
選んだ花婿に対する汚れなき心を象徴していると伝えて
いる。（口絵8参照）

　19世紀半ばに行われたヴィクトリア女王のロイヤル
ウエディング以後、白いウエディングドレスとヴェール
着用が上流階級に影響を与え、その後、中流階級の女性
たちに広まったとされている。

　このように白いウエディングドレスとヴェールが現代
の主流となっているのだが、最近の研究では異論が出て
いる。黒川祐子の研究によると、ヴィクトリア女王の結
婚式でのスタイルはイギリス独自のものではなく、1830
年代初頭にフランスなどヨーロッパ大陸から輸入された

ことから来ているとのことだ。

　ヴェールの着用方法に関しては、その大きさ、頭や髪の毛をどの程度覆うのかはさまざまである。

■ なぜかぶりものを着けるのか

　これまでさまざまな社会や文化で着用されてきたかつら、花嫁の角隠しやヴェールなど多様なかぶりものを見てきた。では、なぜ貴重で美しいとされる髪の毛をそのままにしないで、わざわざかぶりものを着けるのであろうか。

　第一に考えられるのは、日常的に使われているスカーフやかつらと同じようなファッション目的で、自らの髪の毛をより魅力的に見せるためである。

　かつらや付け毛の場合、古代エジプトの時代から、自分の髪の毛だけでは満足しない王朝の人々がこぞってかつらを使っていた。太古の昔からかつらをかぶる慣習は、美に貢献するものとして活用されてきたのである。

　極端な場合、髪の毛の魅力をより良くするために、頭髪を剃ったこともあった。かつらをかぶりやすくして、美しく見せて衛生的でもあるからだ。スカーフも同様にファッション目的のひとつとして、日常的にしばしば着用されていることは言うまでもない。

第二の理由としては、宗教的な理由や戒律がある。ムスリマのヒジャブ着用は、言うまでもなくイスラム教の戒律で定められた慣習である。すでに見たように、ヒジャブはイスラム圏の一部で着用されているかぶりもののひとつであり、それ以外にもさまざまな種類がある。

例えば、ヒジャブの対極的なものとしてブルカがある。アフガニスタンの女性が着用するブルカは、頭部だけでなく全身を覆うもので、目の辺りは一部分が網目になっており、女性が外部を見られるようになっている。

キリスト教にあっては、少なくとも18世紀までヨーロッパ、中東、アフリカなどでヴェールをかぶる習慣があった。

20世紀になってこの習慣は弱まったのだが、今なおカトリック教徒をはじめロシア正教やギリシャ正教などで、女性信者が教会に入る際には、スカーフの着用が求められている。これとは逆に、男性信者の場合は帽子を脱ぐのがルールとされている。

この戒律の元になっているとしてしばしば引用されるのは、聖書の中で使徒パウロが書いた「コリント信徒への手紙1」の第11章の一部である。

　男はだれでも祈ったり、預言したりする際に、頭に物をかぶるなら、自分の頭を侮辱することになります。

女はだれでも祈ったり、預言したりする際に、頭に物をかぶらないのなら、その頭を侮辱することになります。それは、髪の毛を剃り落とすのと同じだからです。女が頭に物をかぶらないなら、髪の毛を切ってしまいなさい。女にとって髪の毛を切ったり、剃り落としたりするのが恥ずかしいことなら、頭に物をかぶるべきです。

　この聖書の言葉が2000年にもわたって、キリスト教圏でスカーフ着用の慣例に影響を与えたとされているのだ。
　なぜかぶりものをしなければならないのかは、しばしば引用される上の部分の前に、使徒パウロが述べていることを考慮すると分かりやすい。すなわち使徒パウロは、「ここであなたがたに知っておいてほしいのは、すべての男の頭<rp>（</rp><rt>かしら</rt><rp>）</rp>はキリスト、女の頭<rp>（</rp><rt>かしら</rt><rp>）</rp>は男、そしてキリストの頭は神であるということです」と述べている。
　すなわち「女の頭は男」なので、それを覆うことにより、女性として神の前に出るのだ。

　和式の綿帽子の取り外しを花嫁のお披露目に関連づけたが、ヴェールの場合を見てみよう。アメリカの例で、壇上の牧師の前に花婿と並んで立っている花嫁が、顔を覆うヴェールを着用している場合である。

　式典では、牧師がふたりに夫婦となったことを宣言してから新郎に対して、新婦にキスしても良いと促すのが通常である。それに応じて、新郎は今や妻となった花嫁のヴェールをめくり上げキスをすることになる。

　この場面での象徴的な意味として一般的に理解されているのは、まず白いウエディングドレスは、花嫁の純粋性・処女性を表している、ということである。

　他方、ヴェールは処女膜の象徴である、との見方もある。すなわち新郎新婦は、ふたりが初夜で行うであろうことを、結婚式のクライマックスで象徴的に演じている、とする解釈もあるのだ。

　ヴェールと角隠し・綿帽子との間に見られる興味深い共通点として、三者に見られる色に注目したい。すなわち、これらのかぶりものはすべて白い色なのである。

　角隠しと綿帽子は、白い花嫁衣装の色に合わせて白いものとされている。ウエディングドレスで見たように、白い衣裳は花嫁の純潔、すなわち処女性を象徴するとされている。

　以上、見てきたように、かつらやヴェールなどのかぶりものは、身だしなみ・ファッションの一部として髪の毛をより美しく見せるだけでなく、それが持つ特定の意味や象徴性を和らげたり強めたりする目的がある。

また、かつら・ウィッグのように、医療目的で使われる場合もあり、それが古代エジプトの時代から行われてきたことは興味深い。

第5章

ジェンダーとヘア

男は長い髪が恥であるのに対し、女は長い髪が誉であることを、自然そのものがあなたがたに教えていないでしょうか。長い髪は、かぶり物の代わりに女に与えられているのです：(コリント信徒への手紙1、11, 14-15)

■ ジェンダーと髪の長さ

　ジェンダーとは、社会における男女のあり方、男らしさ・女らしさなどの男女差を指し、生まれつきの身体的、性的な違いを意味するものではない。それは時代や国・文化によって大きな違いがあり、変化する。

　例えば昔の日本では「男子 厨 房に入らず」と言われ、料理は女性がするものとされていた。現代ではそのようなことに囚われず料理をする男性もいるようになった。

　このような男女の役割分担がジェンダーの見方である。近年ではできる限り固定的な役割分担を排除し、社会的な性差をなくしていくことが望まれている。

　頭髪について見ると、多少の違いこそあれ基本的な男女の違いは、男性の髪の毛は短く女性の方が長いということだ。社会、文化そして時代により違いはあるが、概して長い髪は女らしさの象徴として見られている。

　冒頭の言葉は、約2000年前に聖パウロが聖書で述べた一節である。これは、頭髪の長さと男女間の違いにつ

いての、恐らく歴史上最初の言及であろう。近年ではアメリカの社会学者ローズ・ワイツが、頭髪に関する最も広範囲に及んだ文化的規則として、女性の髪は男性の髪と違わなければならないことだ、と述べている。

　男性のヘアは通常、女性より短いのだが、逆に短すぎるショートカットの男性は、社会的に何らかの規制を受けている者としてみられることがある。

　近代における日本の公立学校でも、男子学生は最近まで丸刈りを強いられていたし、今日でも運動部に所属する男子は、ショートカットや丸坊主が多い。また兵役に就いている男性や、犯罪者が罰として頭髪を剃られる場合もある。

　他方、長髪の女性は、昔から美しくて女らしいとされたばかりか、社会的にも上層部に属するとされてきた。中世ヨーロッパでは、女性の長髪は自由人であることの表れであり、短髪は奴隷の境遇にある人か、農民であることの表れであった。

　例えばハプスブルク家最後の皇女であり、ヨーロッパ宮廷第一の美貌の持ち主と言われたオーストリアのエリーザベト皇后は、目を見張る長髪をしていた。口絵9の画像は、19世紀半ばに描かれたエリーザベト皇后の肖像画である。

　社会階層的には最も高い地位にある皇后の髪は、腿に届く長さだ。その対極にある奴隷とは異なり、長髪が女

王であることを象徴していたのである。(口絵9参照)

古代日本女性の長髪

　飛鳥時代（592〜710）は日本史上、国家として体制を整え始めた時代である。この頃から奈良時代にかけて「美豆良」（「角髪」とも書き「みずら」と読む）と呼ばれる左右に分けた髪を耳元で結う髪型に加え、垂髪（すいはつ／たれがみ）が見られた。これは字のごとく、髪を結い上げないで垂らしたヘアスタイルである。

　飛鳥時代の持統天皇（在位690年〜697年）は史上3人目の女性天皇であるが、『御歴代百廿一天皇御尊影』に見られる肖像画では、当時一般的であった垂髪の女性として描かれている。

　平安時代になると、唐文化の影響も薄れて日本独特の風俗文化が発達する。その結果、奈良時代の天皇が声を嗄らして奨励した結髪は徹底されず、垂髪が一般的になった。

　女性の身の丈余る黒髪が至上の美とされ、この時期にきらびやかな平安王朝風俗が現れた。これは十二単を着た女性の後ろ姿の挿し絵にも見られるもので、髪は黒々として艶やかで、背中を流れるように垂れている。

　この時代にあっては、黒くて長い髪が理想であったと言われている。そして十二単は、長い黒髪を引き立てる

のに最もふさわしい衣装である女房装束として完成された。

　洗練された長い黒髪姿は、現代におよぶ髪型の原型として長い歩みを重ねることになる。

　平安中期に長髪美人として知られていた女性の中で、第62代村上天皇の上位の女官（女御）であった藤原芳子が有名である。平安中期以後は女御から皇后を立てていたので、その位の高さがいかに上だったかが分かる。

　それにもまして、驚くべきは彼女の髪の長さだ。藤原芳子が天皇に召されて御所へ行く際、髪の毛は牛車の外へあふれ出て、延々と母屋の室の柱まで続いていたとする記述もある。これは唐代中国の「白髪三千丈」的な誇張された表現だろうが、平安時代において女性美を評価する際に、黒髪がいかに重要であったかを物語っている。

　平安から室町時代末期まで見られた「平安形大垂髪」と呼ばれた長い垂髪は、社会的地位に関わらず皇后から女官、公家の婦女、神職の妻女、巫女、武家の子女、遊女にいたるまで多くの女性に見られた髪型であった。ただし、身の丈余る黒髪をしていたのは、大体が上流公家の子女であったと言われている。

　昔から「髪の長きは七難隠す」と言われ、女性の長い髪は他の欠点を隠す、すなわち髪の長いことが美女の条件だとする考えは、この頃から言われ始めたのだろう。

いずれにしても、上記中世ヨーロッパの女性の長髪と共通するようで興味深い。

江戸時代には、それまで数百年間見られた垂髪が廃れることになる。江戸初期に前髪を暫定的に結ぶことから始まり、背中に垂れる髪を上にあげるなどの変化が元となり、後の日本髪の形として成立した。

前述したように、この時期に日本髪の4つの原型、すなわち「兵庫髷」「島田髷」「勝山髷」そして「笄髷」が生まれたのである。これら日本髪の基礎的な髪型は、江戸中期、後期にかけて工夫、改良されて、その数270から280種あったと言われている。

日本髪は、明治時代の文明開化まで約300年続き、現在でも着物姿で島田髷を基本とした「文金高島田」を結った花嫁が和風結婚式において見られるのは周知のとおりである。

ここで長髪との関連で忘れてならないのは、日本髪を結うには長い髪が必要だということだ。つまり日本髪の女性は、当然ながら長髪でなければならない。

どれほどの髪の長さを必要とするのか文献などでは不明であるが、参考までに結婚式を前に日本髪に興味ある現代の女性がインターネットで問い合わせるサイトを調べてみた。大まかには、髪は肩より10cm下、前髪は鼻

より下の長さがあれば日本髪を結うことができるとのことだ。

　別のサイトによると、地毛で結う簡素化された「新日本髪」の場合、「髪の長さは全体に胸の辺りまで、前髪は口の辺りまで必要」とのことであった。

　要するに、日本髪を結うには、ほどほどの長さが必要だということだ。

■ 中国の長髪女性

　世界的に見ると、国や地域によっては驚くほど長い髪の毛を日常的に手入れし、維持しているところがある。しかも上層階級の女性ではなく、多くの一般女性たちである。

　例えば中国のある村では、女性は18歳になるまで髪の毛を切らずにいるため、彼女たちは身の丈余る長髪をしており、村人たちの間では長髪が美しいとされてきた。

　以下では、現代中国における超長髪の女性たちの実情を見てみよう。

　広西省の竜勝各族自治県にある小さな黄洛瑶集落には、78家族、約400人が住んでおり、女性たちは成人式にだけ髪を切る習慣を守っている。第3章で見た、通過儀礼における断髪の一種だ。

この村ではなんと3000年もの間、長い髪が「美しさの象徴」であるとされてきた。「ラプンツェルの村」と呼ばれる所以(ゆえん)である。彼女たちはみな美しくて長い髪を持っているので、集落を訪れた人はその美しさの秘密を知りたがるとのこと。

　また、ここでは80歳になっても白髪の女性はいない。その秘密は、お米の煮汁で髪を洗うことにあるという。煮汁にはハーブや文旦の皮などを加え、3日ごとに髪を洗い、川でもよく洗髪をする。60人あまりの女性は、髪の毛の長さが1.4メートル以上で、ある人は約2メートルに達する髪の毛をしていると記録されている。

　この村の女性は18歳の成人式で初めて髪を切るのだが、その際に髪の毛を捨てるのではなく保存しておく。この儀式を通過することにより、少女から大人の女性となり、結婚もできることになる。結婚して子どもを授かった時には、成人式で切ったあとに保存しておいた髪の毛をピンで留めて加え、未婚と既婚との間のしるしとする習慣もある。

■ 世界一の長髪ティーンエージャー

　前節の中国の黄洛瑶集落には1メートルから2メートルに達する女性がいるとのことだが、正式に確認はされてはいないようだ。では、公式に確認された長髪はどれ

くらいなのか。これまで最長のヘアのティーンとしてギネスで確認されたのは、インドのニランシ・パテルで、なんと2メートルの髪の毛を持っていた。

　2021年7月に当時18歳だったニランシは、ギネスの世界最長記録を達成したのを機に、その長髪を切り短髪にしたのだ。そもそも長髪にしようと決心したのは、6歳の時にヘアサロンで不快な経験をしたからで、また母親からの勧めもあった。当初は、長い髪の毛はニランシの「お呪い（まじな）」であった。しかしギネスで賞を獲得し、「実在するラプンツェル」として世界中に知られた彼女は18歳で髪の毛を切る決心をした。切った髪の一部はアメリカの博物館、別の一部は慈善事業に寄付をしたと報じられている。

　因みにインドの成人年齢は男性が21歳なのに対して、女性は18歳だ。この事実を考慮すると、著者の推測ではあるが、これはニランシにとり通過儀礼であったのかもしれない。また、中国の「ラプンツェルの村」に住む長髪女性にしろ、上記インドの「実在するラプンツェル」として知られたニランシにしても、両者はアジアの黒髪女性であることに偶然の一致であろうが、興味をそそられる。

社会変革と頭髪の長短

　一般的に見ると、ヘアスタイルは各時代の社会を反映すると言われている。ある時代に男女の髪型が逆転して女性が髪を短くし、男性が長くすると何らかの社会的な変化が伴い、非難されるか賞賛されるものである。

　例えば近代の日本史上で大きな社会変革期であった明治維新の時がそうである。近代化・欧米化の重要な基点とも言えるこの時期に見られたのが「散切頭」だ。

　明治4年（1871年）に政府は「散髪脱刀令」を発令して断髪を許可し、奨励した。その結果、江戸末期まで約300年続いた結髪、丁髷や月代をなくすことでより近代的な髪型へと変化したのである。

　長年にわたって続いた髷に執着する人々がいた一方で、進んで「ザンギリ頭」にした人々が出たと言われている。「半髪頭をたたいてみれば、因循姑息な音がする。総髪頭をたたいてみれば、王政復古の音がする。散切り頭をたたいてみれば、文明開化の音がする」は当時の歌で、最後の部分のみがよく知られている。それは、ザンギリ頭の人が文明開化の波に乗り、最も進んでいるという意味である。

　また個人のレベルでは、第3章で見たように成人式や結婚式など人生の節目に行う通過儀礼をすることで、社会的地位や状況の変化を明らかにする際にも頭髪へ何ら

かの処置がなされる。例えば、江戸時代の元服で前髪を
剃る儀式がそうである。

　頭髪や髪型に関する著書は、それらのタイトルにも表
されているように、往々にして「女性美」に焦点を合わ
せたものが多い。例えば『美しい髪の歴史』、『黒髪と美
女の日本史』、『江戸300年の女性美』などだ。

　しかしすでに見てきたように、頭髪には女性美の他に
多様な側面・意味があり、そのひとつが社会的変化との
関連である。

1920年代とヘアスタイルの変化

　近代においては欧米を中心として2回、男女の髪の長
さが逆転した時期があった。1920年代と1960年代であ
る。最初の1920年代は、さまざまな社会的変化が起
こった時でもある。例えば1918年の第1次世界大戦後、
世界の政治・経済の中心がイギリスからアメリカへと
移ったことだった。

　特に、アメリカでの社会変化には多方面で目を見張る
ものが多い。そこでは政治的変化が起こり、そのひとつ
が女性の政治進出で、大きな社会的進歩であったとされ
ている。その発端となったのが、1920年に実現した女
性参政権の達成だった。結果、同年の大統領選挙では史
上初めて全米の女性たちが投票した。

このような女性の社会進出は政治面だけでなく、経済や教育の分野でも見られた。例えば、女性の就職率は1920年代の終わり頃には戦争終了時を上回る24％に達し、女性の大学卒業者も男性のほぼ3倍にあたる5万人近くになった。

　経済的にはアメリカが「大衆消費社会」へ突入して、車や電化製品が一般市民でも買えるようになった。フォードのモデルＴが大量生産され、1920年代にはアメリカの国中を走り回った。また、ラジオの他に冷蔵庫、洗濯機などが普及し始めたのもこの年代だ。

　1920年代の若いアメリカ女性たちは「フラッパー」と呼ばれ、当然ながら上記の社会政治的な変化とも関連があり、女性解放の結果である！　そして、当時のアメリカ人女性たちが始めたファッションのひとつが、それまで長かった髪の毛をショートヘアにしたことなのである。これは、当時流行した「チャールストン」と呼ばれるダンスにも如実に現れている。このダンスを一躍有名にしたのはジョセフィン・ベイカーで、彼女はショートヘアで、チャールストンの特徴でもある両手、両足を交差させたりして踊っている。

　当時のフラッパーたちは男性たちと同じようにタバコを吸い、膝上のミニ・スカートをはいて、濃い口紅をつけ、ショートヘアで活発なダンスに興じるようになった

のである。

■ 1920年代における女性の短髪

　第1次および第2次大戦の間の1920年代に流行（はや）ったヘアスタイルに、「ボブ」（bob cut）と呼ばれるものがある。

　この女性の髪型は、前髪を切り下げて、後ろは首筋辺りまで断髪したカットである。それまでの長髪とは異なり、ボブは男性のように活動的な印象を与えるヘアスタイルであった。現代では「ショートヘア、おかっぱ」を表す日本語としても使われる用語である。英語でbobを動詞として使う場合は、「（女性の髪を）ショートカットにする」という意味になる。

　興味深いことに、この「断髪する」という英語の動詞を使ったタイトルのショート・ストーリーがある。原題は"Bernice Bobs Her Hair"（バーニスが髪をショートにする）で、邦題は『バーニスの断髪宣言』である。

　アメリカの近代文学の代表的な作家、F・スコット・フィッツジェラルドが1920年に発表した作品だ。フィッツジェラルドは、当然ながらその当時すでにショートカットが女性の間で流行していたのを知って、この短編を書いたのであろう。

『バーニスの断髪宣言』では、社交下手で厄介者のバーニスが、従姉のマージョリーの助言を借りてショートヘアにすると公言すると、「まわりの人たちが話をやめて聴き耳を立てているのに気付いて」彼女が口ごもる場面がある。その後、バーニスは自分の髪の毛を切らざるを得なくなるのだが、1920年代初めにあっては、断髪した女性はほとんどおらず、大変センセーショナルなことだった。

　ちなみに、「バーニス」という女性の名前をフィッツジェラルドが選んだのは偶然ではなさそうだ。星座の中に「かみのけ座」と呼ばれる暗い星の群からなる小星座があり、その英語名がなんと「Berenice's Hair」で、Bereniceとは「バーニス」のことである。

　この星座の命名には美しい伝説があり、その主人公が「ベレニケ」（Berenice）なのである。ベレニケは紀元前3世紀、エジプトのプトレマイオス3世の妻で、美しい琥珀色の髪をしていた。戦争へ行った夫の安否を心配したベレニケは、夫が無事に帰ったら、髪の毛を愛と美の女神アフロディーテの神殿に捧げると誓う。

　夫のプトレマイオス3世が凱旋すると、ベレニケは誓いどおりその美しい髪を切り、神殿に捧げた。翌朝になって髪の毛は神殿から消えていたので、王が大変立腹して神宮らを処刑しようとした。すると宮廷天文学者が現れて、かみのけ座の星々を指して、「王妃の髪は1つ

の神殿に置くにはあまりにも美しいので、世界中の人々に愛でられるように、神々があそこに置かれたのです」と告げた。

　この伝説を考慮すると、フィッツジェラルドが上記の短編小説の題名に「バーニス」を選んだのは意味があったと言えるだろう。

1960年代における男性の長髪

　1920年代から第2次世界大戦を経て1960年代に、再び男女間で頭髪の長さが逆転する事態が起こる。1920年代の場合とは逆に、1960年代には男性の髪が長くなったのである。

　通常は、男性の頭髪は短いのが当たり前とされている世の中で、それを長く伸ばす背景には何らかの社会的または個人的な変化があるものだ。

　まず、世界における1960年代の社会的背景から見てみよう。1960年代は「激動の時代」であったと言われ、中国の文化大革命、ベトナム戦争、アメリカのケネディ大統領やキング牧師らの暗殺など、さまざまな歴史的事件が起きた。

　文化大革命とベトナム戦争は70年代まで尾を引き、その後への影響も無視できない。また、アメリカでの黒人や女性など少数派（マイノリティ）による公民権運動や、

学生を中心とした反戦運動も起き、後世に多大な影響を及ぼした。

　このような状況下で出現したのが、長髪のヒッピーたちによる反体制運動で、既存の道徳観や生活様式に反抗し、それを長髪やひげを生やすことで表現したのだ。

　彼らはロングヘアの他に一風変わった服装をしたりドラッグを使い、定職に就くことを嫌った。ヒッピーのライフスタイルは「カウンターカルチャー」と呼ばれ、60年代の若者たちに大きな影響を与えた。

　周知のとおり、アメリカでの反戦運動は日本にも影響を及ぼし、東京では革マル派などによるデモやキャンパス封鎖が起きたことは周知のとおりである。

■ ビートルズと長髪

　1960年代における大衆文化の分野では、イギリスのリバプール出身であるビートルズが多くの国々で大人気を博し、世界的な社会現象となった。

　主にレノン＝マッカートニーふたりによるオリジナルソング200曲以上のほとんどが、『ビルボード』誌や『ローリングストーン』誌で長期にわたって1、2位など上位にランクされた。現代においてビートルズは、20世紀を代表するロック・バンドであるとされている。

　このビートルズが若者らを中心に与えた影響のひとつ
に長髪がある。初期においては、マッシュルーム・カッ
トと呼ばれた髪型で、当時としては女性のヘアスタイル
のようで、特にアメリカでは長すぎると思われた。
　60年代初め頃にビートルズが広めたこの長髪は、そ
の後アメリカのヒッピーたちにも引き継がれ、カウン
ターカルチャーのシンボル的ヘアスタイルとなる。日本
でも、ミュージシャンをはじめ多くの若者たちが長髪に
するようになった。

　そもそもロック・ミュージック自体、50年代までの
音楽と異なり、若者を中心に愛されただけでなく、彼ら
の親世代や当時の社会に対する「反抗精神」のシンボル
的な表現でもあった！
　そのような意味合いを持つ音楽を演奏するグループと
して、長髪のビートルズのメンバー4人が出現したのだ。
ちょうど1920年代のアメリカ人女性たちが、髪を短く
切ることにより当時のモダン・ガールとしての存在を表
現したのと類似した現象であった。
　男性バンドであるビートルズは、1920年代の女性と
は逆に髪を長くしたのであり、両者の共通点は従来の髪
の毛を、それぞれが異なる長さに逆転したことである。
すなわち女性は長髪から短髪へ、男性はその逆に短髪か

ら長髪に！

　ビートルズは同じロックミュージッシャンでも、同時代の歌手エルビス・プレスリーとは異なり、反キリスト教的でもあった。彼らの曲の中に宗教的または、キリストについての歌は見当たらない。

　他方、ロックの王様として人気があったプレスリーは、敬虔なクリスチャンでもあった。日本ではあまり知られてないが、彼は「心のふるさと」（「His Hand in Mine」）など、少なくとも3枚のゴスペルのCDを発表しているくらいだ。

　一方ビートルズは、宗教に興味を持たなかったばかりか、反キリスト教的であったことを如実に表し、そして物議を醸した事件があった。それはあるインタビューでのジョン・レノンによる発言だ。

　1966年3月4日の『ロンドン・イヴニング・スタンダード』紙に掲載された彼のインタビューで、ジョンが「僕らはいまやイエスより人気がある」（We're more popular than Jesus now）と言ったのだ。これがアメリカで報道されるや、保守的な南部で抗議の声が上がり、ラジオ局でのビートルズ曲の放送禁止やレコードが焼かれるなどの騒ぎとなった。

　このように見てくると、ある意味反社会的でカウン

ターカルチャーを標榜{ひょうぼう}するビートルズが、それらを象徴するような長髪で活躍し、多くの若者たちに影響を与えたことは十分理解できることだ。

コラム：イエス・キリストは長髪だった!?

　本章の冒頭で、使徒パウロが聖書で頭髪の長さについて男性は短く、女性は長くすべきであると述べた言葉を引用した。

　言うまでもなく聖書は、キリスト教の教えを伝える世界で最も多く読まれていると言われる聖典である。

　その教祖であるイエス・キリストの数ある肖像画では、ほとんどすべてが長髪の男性として描かれている。

　例えば、最も有名なキリストの肖像画の1枚に、ダ・ビンチによる「サルバトール・ムンディ」がある。口絵を見てのとおり、イエスの髪は肩よりも下に届くほどの長さである。

（口絵10参照）

　短髪が当たり前とされる男性が、髪の毛を長く伸ばすのはその時代の社会的変革、または個人的な変化と関連があるということを見てきた。男性が長髪にすることにより、何らかの意思表示をしているのだ。

2000年前にキリストが布教をし、そして彼が成し遂げようとしていたことは、当時としては革命的なことだとされている。

　キリストは受難、死、復活、昇天を経て再臨した。結果、キリストの弟子たちがユダヤ教を元に、それを超えるものとして『新約聖書』をまとめてキリスト教が広まった。

　では、イエス・キリストは本当に長髪だったのか？

　西洋美術で最も頻繁にモチーフとして取り上げられているキリスト像は、「サルバトール・ムンディ」のように長髪、髭、長袖で裾長の服を着ている姿だ。しかし、こと長髪に関してはそうではなかったという説がある。

　例えばジョーン・E・テイラーによると、イエス・キリストの長髪姿は、紀元4世紀以降に描かれたキリスト像で、歴史的には正確ではなく、象徴としてのイエス像を描いたものだった。

　その画像はローマのサンタ・プデンツィアーナ教会の祭壇に描かれたモザイク画のように、王座に座り君臨する皇帝をイメージした姿だった。

　それには、イエスを全宇宙の王、天上の支配者として描こうと、長髪で髭をたくわえた若いゼウスのような姿に描いた。このゼウス像は有名な作品としてよく

知られていることもあり、その後、長髪のキリスト像が初期の姿の標準となったのだという。興味深いことに、テイラーはイエスの姿は「現代では時折ヒッピー風になるが」とも付け加えている。

　ここで指摘しておきたいことは、イエス・キリストを長髪で髭をたくわえた男性として描くことにより、イエスが一般人ではなく神格化された存在であることを表現しようとしていることだ。

■ 英雄的ゲリラ、チェ・ゲバラの聖画像

　もうひとり、1960年代に長髪で活躍した男性に、アルゼンチン生まれのチェ・ゲバラを挙げたい。彼は、主にラテン・アメリカ（中南米）で政治家、ゲリラ活動家として活躍したことで知られている。医者でもあるチェ・ゲバラは、フィデル・カストロと共にゲリラ指導者としてキューバ革命の達成に重要な貢献をし、革命活動家のシンボルともなった。

　1967年10月8日、ボリビアでゲリラ活動中のゲバラを捕らえたボリビア軍のゲーリー・プラド中将は、「明るいまなざしが印象的だった。長い髪が乱れて髭は伸び、やせていた」と述べている。

　翌日の9日にボリビア軍兵士により処刑されたゲバラ

は、殉職者として神聖化され、彼の写真（口絵）は、左派急進主義や反帝国主義のいわば聖画像ともなっている。
（口絵11参照）

「英雄的ゲリラ」と題されるこの写真は、ゲバラの死後、「権力への抵抗の象徴」としてデモなどで使われるようになり、学生運動が盛んだった1960年代、ゲバラを「英雄」に押し上げた1枚だった。この写真は1960年3月、ゲバラがハバナで起きた爆発事故の追悼集会に参加した際、写真家の通称コルダが撮ったものと言われている。

　ゲバラの死後、彼の銃弾の痕がある惨たらしい別の写真が出回った。当局が権力に刃向かうとこうなるとする意図があったのであろう。

　その後、コルダによるこの写真がポスターとなって100万枚以上印刷され出回った。結果、イタリアやフランスなど世界各地での学生運動で、ゲバラの死んだ姿ではなくこの写真を「英雄的ゲリラ」として「ゲバラは生きている」と叫びながら行進した。それはあたかも、ユダヤ教を批判して十字架で磔にされ処刑されたイエス・キリストが、その後復活したようだった！

　平山亜理は著書『ゲバラの実像』の中で、「革命家」として神格化されたゲバラではなく、本人がどんな人間

122

だったのか知りたくて彼の家族を訪ねた。平山によると、弟のマルティンが、兄ゲバラは「聖者」ではなく、「革命家であり、思想家でもあり、哲学者でもあったチェのことを話す責任を感じる（中略）チェは20世紀の改革者だったが、21世紀にも彼の考えは生きている」と言っていたと述べている（平山亜理、2016）。

　本章では、男女間での頭髪の長さの違いと、それが逆転した際の社会的変化を中心に見た。通常、女性の髪の毛は男性のそれよりも長いのだが、それが逆転すると、個人的だけでなく社会的にも何らかの変革が伴う場合があることなどを理解した。
　次の章では、女性のヘアが彼女たちの魅力にどのような影響を与えているのかを考える。

第6章

女性の魅力とヘア

女性美と髪の毛

　女性の美しさや魅力には頭髪が欠かせない。これは古来、伝説・神話、絵画、文学、音楽にしばしば描写されてきたことからも明らかだ。

　例えば第5章で紹介したように、古代エジプトのベレニケ王妃の伝説では、彼女の美しいヘアが「かみのけ座」という星座名になった。

　古代帝政ローマ時代の哲学者・弁論作家のルキウス・アプレイウスも、女性の髪について次のように雄弁に讃えている。少々長いがその価値は十分あるのであえて以下に引用する。

　　太陽の下で、ほんのりとした輝きとたえず変わる薄明かりの光に照らされた美しい髪の毛を見るのは何と嬉しいことか。一瞬、黄金の色をしているかと思えば、次の瞬間には黄褐色に変わる。かと思えばワタリガラスのように黒いが、突然鳩の首の羽根に見られる淡い青色に変わる。

　　カンショウ香油で艶を出して、細かい歯の櫛で小ぎれいにとかし、頭の後ろにリボンで結びなさい。そうすれば恋人がそれを自分の嬉しそうな姿を映すためのいわば鏡にするだろう。

　　それから、女性の髪の毛をこんもりした豪華な束に

して頭の上に纏めるか、さらに良いのはあふれんばかりのカールしたウエーブとなって首もとに垂らせなさい。

　私は次のように率直に言って満足しなければならない。

　すなわち、それこそが女性の髪の誉であり、最良のおめかしをして、実在する宝石の中で最高のものと他のものすべてを身に付けていようとも、その女性が髪の毛を好ましいスタイルに結わなければ、ちょうどよい着こなしをしているようには見えないと。

（Cooper, Hair, 1971：著者による翻訳）

　このアプレイウスの言葉は、これまでなされた女性の髪の毛への賞賛の中で、恐らく長くて最も素晴らしいもののひとつであろう。

　上に挙げた女性の髪の毛への賞賛は服を着た女性についてのものだが、たとえ女性が生まれたままの姿でも、髪の毛の美しさに変わりはない。

　例えば15世紀ルネサンス期のサンドロ・ボッティチェリが描いた有名な「ヴィーナスの誕生」では、ギリシャ神話で語られた愛の女神が、下腹部まで届くほど長くて波うつ髪の毛の裾で恥部を覆っている姿が描かれている。（口絵12参照）

ブロンドと女性美

　古より欧米各国では、ブロンドの女性が最も魅力的と見なされてきた。神話に登場する女神の多くは、金髪で青い目の姿として描かれているものが多いのはそのためである。上記「ヴィーナスの誕生」でも、愛の女神は長いブロンドの姿で描かれている。

　古代ギリシャの詩人ホメロスは、その作品『イーリアス』の中で、ゼウスの妻でもあった女神ヘラや娘のアテーナーの髪の毛は金髪であったと書いている。

　このブロンド崇拝は、21世紀の現代でもなお健在であることは言うまでもない。

　第2章ですでに述べたように、人類規模で見ても金髪人口はわずか2%に過ぎない。しかしテレビ、新聞、インターネットなど外国人の画像や写真には多くの金髪女性を見かける。

　これは以前にも指摘したように、彼女たちの多くがブロンドに髪を染めているからだ。また、金髪は他の頭髪よりも鮮やかで、人目につきやすいからだろう。

　髪に言及した音楽に関して、日本でも唱歌として親しまれている「ローレライ」がある。この歌は、ドイツのハイネの詩集にある詩について作曲されたものである。

　詩の内容は、昔からある妖精の伝説に基づいていると
されており、それはローレライという名の女性が不実な
恋人に絶望して、ライン川に身を投げたとする話である。
　ローレライは水の精となって川を下る漁師を誘惑する
という内容で、歌詞の2番は次のように訳詞されている。

　美し乙女の　岩に立ちて
　黄金のくしとり　髪の乱れを
　ときつつ口ずさむ　歌の声の
　奇しき力に　魂もまよう

（世界の名歌、野ばら社、2004）

「奇しき」とは「神秘的な」という意味で、妖精ローレ
ライの歌に迷わされないようにとうつむいている漁師が、
歌声に惹かれて見上げると、乱れた髪を梳かす美しい彼
女に見とれて次々と遭難していく様を描写した歌である。
　この有名な歌の歌詞においては髪色には言及していな
いが、後に述べるハリウッド映画で登場する「ローレラ
イ」という名の女性はブロンドである。

「金髪」が題名の一部となっている歌がある。それは、
アメリカのスティーブン・フォスターが作詞・作曲した
「金髪のジェニー」である。

ただし、原題は"Jeanie with the Light Brown Hair"
で、直訳すると「薄茶色の髪のジニー」となり、名前の
カタカナ表記も微妙に異なる。しかし、多くのフォス
ターの曲の訳詞を手がけた津川主一がその訳題を「金髪
のジェニー」として以来、それが引き継がれてきた。
　アメリカでは薄茶色の髪はブロンドの一種とも見なさ
れているので、この訳題は必ずしも間違いではない。
　1番の英語歌詞と訳詞は以下のとおりで、女性のふさ
ふさとした髪の魅力が重要なテーマとなっている。

I dream of Jeanie with the light brown hair,

Borne, like a vapor, on the summer air,

I see her tripping where the bright streams play,

Happy as the daisies that dance on her way,

Many were the wild notes her merry voice would
pour,

Many were the blithe birds that warbled them
o'er,

Oh! I dream of Jeanie with the light brown hair,

Floating, like a vapor, on the soft summer air

夢にみしわがジェニーは

ブロンドの髪ふさふさと

小川の岸辺を行き

あたりにはひなぎく笑む
楽しき歌　口ずさびつ
小鳥の節に　合わせて　あゝ
夢にみし　わがジェニーは
ブロンドの　髪ふさふさと行く

（世界の名歌、野ばら社、2000）

　金髪女性の人気は、「Blondes have more fun」という表現があることからも明らかだ。これは、一般的にブロンド女性は男性に注目されてもてるという意味である。上記フォスターの歌の訳詞者は、金髪女性の人気ぶりを意識して訳詞したのかもしれない。

　薄茶色は、数ある金髪のバリエーションの一種である。アメリカでは、茶色い髪の女性がブロンドに毛を染める場合、いきなり金髪に染めないで、それら2色の中間色として薄茶色に染める女性がいる。次に紹介するブロンドで知られたモンロー自身、生まれつきの地毛は赤茶色、または茶褐色だった！

　グラマラスでセクシーな女優として現在でも人気のあるマリリン・モンロー主演の、『紳士は金髪がお好き』（"Gentlemen Prefer Blondes"）と題するコメディー映画がある。ブロンド女優のモンローが演じるのは、お金持ち

やダイヤモンド好きのショウ・ガールである。興味深い
ことに、彼女の名前は上記ドイツの唱歌に出ている水の
精と同名の「ローレライ」と設定されている。

　アメリカでは「ローレライ」というのは非常に稀な女
性の名前（ファースト・ネーム）であるが、この映画では
男性を惑わすブロンド女性ということで、その名があえ
て使われたのだろう。映画に登場するローレライの親友
ドロシーを演じるのは、黒髪（ブルネット）美人として知
られた女優、ジェーン・ラッセルだ。彼女は続編『され
ど紳士はブルネットと結婚する』と題された映画にボ
ニー役で主演している。

　すでに述べたように、「ブルネット」（Brunette）は茶
褐色から黒髪までのダークヘアをした女性のことだ。
（口絵13参照）

　上記のようにハリウッド映画では、しばしば金髪女性
と彼女に対峙する黒髪女性がペアーとして登場する。マ
リリン・モンロー（口絵13写真の中央）とジェーン・ラッ
セル（同右）がその一例で、金髪のローレライの方が紳
士たちにはもてる設定だ。

　映画以外にも、アメリカのテレビドラマシリーズでも、
しばしば金髪女性と黒髪女性がペアーで登場する。この
2人の組み合わせは、いわゆる「ブロンド対ブルネット
の対抗」（Blonde versus Brunette Rivalry）と呼ばれる大衆

文化で知られたテーマである。

　アメリカのABCテレビ局が1977年から80年代半ばまで放映した人気コメディー・シリーズ『3人の仲間』（"Three's Company"）では、ジャックという青年に絡んで、ブロンドのクリッシーとブルネットのジャネットが競い合う設定となっていた。

　アメリカには、同じような金髪女性と黒髪女性が登場して競い合う設定の映画やドラマは多いのだが、「ブロンド対ブルネットの対抗」には、頭髪の色と性格に関するステレオタイプ的な見方・先入観も関係している。

　これは黒髪が当たり前である日本には見られない現象なので、以下でより詳しく見たい。

ブロンド（Blonde）のステレオタイプ

　上で指摘したように、ブロンド女性は欧米の男性にとって昔から憧れの的として賞賛され、女性美の理想とされてきた。

　19世紀末にドイツの産婦人科医カール・ハインリッヒ・ストラッツはその理由を、金髪は女性の体の柔らかな線とよく調和するから、と述べている。そして、金髪女性の眉毛とまつ毛は、目が大きく見えるように黒くあるべきだと信じていたとも言われている。

　理由が何であれ、金髪女性が男性に注目され、人気な

のは事実だ。マリリン・モンローの他にも、過去にはダイアナ・ドース、ジェーン・マンスフィールド、ジェーン・フォンダなど多くのセクシーなブロンド女優が人気を博してきた。

　最近でもこの現象は続いており、ケイト・ブランシェット、スカーレット・ヨハンソン、メグ・ライアンらポピュラーな女優の多くはブロンドである。

　美しく、セクシーだとされるブロンド女性であるが、皮肉なことにそれを否定するようなステレオタイプが存在する。それは、映画『紳士は金髪がお好き』に登場するローレライのようなブロンド女性は、魅力的でセクシーだが頭脳明晰（めいせき）でない、とするイメージである。このこともあり、続編の映画『されど紳士はブルネットと結婚する』では、黒髪のボニーが結婚する設定になっている。

　ブロンドのステレオタイプに関連する英語表現に、「おバカなブロンド」（dumb blonde）という言葉がある。もちろん、この「金髪女性は聡明（そうめい）ではない」とする考えには科学的な根拠はないのだが、「おバカなブロンド・ジョーク」（dumb blonde jokes）なるものも存在する。

　これには「ブロンド対ブルネットの対抗」も関係しているとされており、次のジョークがその一例である。

"Question: If a blonde and a brunette fell off a building, who would hit the ground first?

Answer: The brunette – the blonde would have to stop for directions!"

質問：もしブロンド女性とブルネット女性がビルから落下したら、最初に地面に落ちるのはどっち？

答え：ブルネット女性―なぜって、金髪女性は途中で止まって方向を聞くだろうから！

　上のようなジョークの他に、ブロンド・ジョークが数限りないほど存在する。例えば、

A blonde orders a pizza and the clerk asked if he should cut it into six, eight or twelve pieces. The blonde replies "Six please. I could never eat twelve".

　金髪女性がピザを注文したので、店員が6枚、8枚それとも12枚に切りましょうか、と聞いた。金髪女性は「6枚でお願いします。12枚も食べられないわ」と答えた。

　もちろんこのようなジョークは、内容的にはたわいのないもので科学的な根拠はない。

　インターネットで「おバカなブロンド・ジョーク」（dumb blonde jokes）を検索してみると、約513万ものサ

イトがヒットした。多くのジョーク好きな人たちが楽しんでいることをうかがわせる。

　ちなみに「おバカなブルネット・ジョーク」(dumb brunette jokes) は約360万、「おバカな赤毛ジョーク」(dumb redhead jokes) は約270万で、3つのタイプのうちブロンド・ジョークが最も多く、ジョークにおいてもブロンドの人気が高いことを反映している。

　なぜ金髪女性は、魅力的でセクシーだが頭が悪いとのステレオタイプが生まれたのかについては諸説ある。

　そのひとつは、第5章で紹介した1920年代の申し子である「フラッパー」と呼ばれた当時のモダン・ガールの副産物である、とする説である。彼女たちは浅はかで、当時出始めた漂白剤でプラチナ・ブロンドになるのを試みたのは十分あり得るというのである。それが第2次世界大戦後も続き、マリリン・モンローに引き継がれたのだ、とする説だ。

　ブロンドは「純粋さ」をも象徴していて、それは「無邪気さ」を意味する。そして「無邪気さ」は無知に通じるから、ブロンドは「おバカ」である、となるのだ。

　また金髪であること自体、「人を惑わす、欺く」人物と見なされやすい。特に近年の毛染めや漂白剤が広範に使用されていることを考えるとなおさらだ。つまり、生まれつきの髪の毛をブロンドに染めている女性は、より

魅力的に見せようとして周りの人たちを欺いていると思われるからだ。

　ブルネット女性は、逆に率直で正直と思われやすい。これらを念頭に、上記の映画『紳士は金髪がお好き』とその続編『されど紳士はブルネットと結婚する』を比較すると、その両者の関連がよく理解できる！　つまり、理想的には男性はブロンドを愛人にし、妻にはブルネットを好むということだ。

　しかし、このような髪色とそれに関連するステレオタイプに対し、警告を発した研究が最近発表された。ブロンドとブルネットを対比させて女性の性格と結び付けるのは、一見するとたわいないようだが、社会的に危険であると言うのだ。

「ジョークはダメ：科学的に見るとブロンドはおバカではない」（No Jokes: Blondes aren't dumb, science says）と題する、オハイオ州立大学で2019年3月に発行されたキャンパス記事では、アメリカ人を調査した研究結果が報告されている。この調査は、約1万人の被調査者を対象にした全米規模の長期研究の報告である。

　調査結果によると、ブロンド女性の平均知能指数は103.2で、茶色102.7、赤毛101.2、黒髪は100.5で、決して低くはないどころか他のグループよりわずかに高い。

報告書では、頭髪の色と知能指数の間に関係はなく、他のグループに比べてブロンドの人たちは読書することがより多い家庭環境に育ったことが、調査結果の一要因であったとしている。

この結果から、調査者はブロンドの人々に関するステレオタイプは、就職、昇給、その他の社会的経験に対してなんらかの影響があり、そのようなことがあってはならない、と警告している。

もちろん、これはブルネットや赤毛など他の色の頭髪を持つ人々の場合についても同様である！「おバカなブロンド」という表現はあくまでもステレオタイプであって偏見であり、言うまでもなくこれは他のヘアカラーに関しても共通している。

頭髪の色とその人の性格との関係は現実を反映していないことを踏まえて、以下ではブルネット（brunette）と赤毛（red haired/red head）に関するステレオタイプについて考えてみる。

■ ブルネット（Brunette）のステレオタイプ

一般的にブルネット女性は率直で正直だと思われている。

その延長として黒い髪の女性は、オタク（nerd）的で面白くない、つまらないとするステレオタイプもある。

　ブルネットは真面目な女性とみなされているが、人を
コントロールするタイプともみなされている。さらに、
意地悪でふしだらだとする極端な見方もある。

　ブルネット女性は洗練されていて知性的だが、同時に
ブロンド女性に比べて退屈で面白くないとする、相反し
たイメージが混在しているのも興味深い。

　このようなステレオタイプを考慮すると、結婚するな
ら「おバカさんのブロンド」より「知的で真面目なブル
ネット」の方が理想とされるわけである。

　アメリカの『Allure』誌の調査によると、76％の人々
は最初の女性大統領はブルネットであろうと信じている
とのこと。

　この雑誌は女性美やファッションを中心とした女性向
け月刊誌だが、豊胸手術に使用するシリコンの危険性な
ど、女性の健康問題をも取り扱うことでも知られている。

　当然ながらその読者はほとんどが女性なので、アメリ
カを代表するものではない。しかし、このような女性大
統領に関する考え方があるということは興味深い。

　ちなみに、2022年現在のアメリカの副大統領カマ
ラ・ハリスはアフリカ系・アジア系アメリカ人で、ブル
ネットだ。しかしながら、ハリス副大統領が2024年の
大統領選に立候補して最初の女性大統領になれるかにつ
いては、現時点では不透明である。

『Allure』で発表されたアメリカ最初の女性大統領の髪色に関する調査結果については、すでに述べたヘアカラーの人類規模での分布を考えれば、驚くことではなく当然かもしれない。つまり、ブルネットを黒から茶褐色までとするならば、それは最も多くの女性が持つ髪色ということになるからだ。

■ 赤毛（Red hair/redhead）のステレオタイプ

　赤毛人口は全人類で約2％しかいないと言われている。世界全体で見ると、ブロンド人口数と変わらない赤毛女性はブロンド女性ほど目立たないように思われるかもしれない。

　これは、すでに述べたように金髪女性の多くが実は髪の毛を染めていたりウィッグを使用したりしていて、しかもブロンドの方が赤毛より目立つからだろう。

　ユダヤ人には赤毛の人が多く、他の赤毛に関するステレオタイプと相まってか、一般的に否定的に見られてきた。例えば、キリストの12人の弟子の1人で彼を裏切ったユダが、ユダヤ人だったと信じられていたことも関連があると言われている。

　16世紀から17世紀にかけてヨーロッパやアメリカで起こった魔女狩りでは、赤毛であることだけで女性が捕

らえられ、辱めを受け、髪の毛を剃られたりして処刑された。

　ヘアに関する著書の中でウエンディー・クーパーは、赤毛女性の否定的なイメージは、女性も性的感情があることが認められた20世紀になり好転したとし、それは伝説に登場する赤毛の女性が特に情熱的であることと関連しているのだろうと述べている。

　しかしながら赤毛女性に対する否定的イメージや捉え方は、昔から現代にかけて一定していない。それは中世ヨーロッパにおいて、キリスト教会が改悛した娼婦、悔い改めた売春婦にこそ関心を向けるべきと考えていたことと関係があるとも言われている。

　そのこともあり、赤毛の女性は肉欲や売春と結び付けられてきた。広く科学、歴史、文化、芸術の視点から赤毛について研究したジャッキー・コリス・ハーヴィーは、この赤毛女性と肉欲・買春とを結び付ける考えは、現在でも変わっていないと述べている。

　伝説に登場する情熱的な赤毛女性に関連しては、数多くの美しい女性画を描いたオーストリアの画家、グスタフ・クリムトの作品に、ギリシャ神話の「ダナエ」がある。

　ダナエはアルガス王アクリシオスの美しい赤毛の娘で、王により青銅の塔に閉じ込められる。その絵画は最高神

ゼウスが黄金の雨として塔に入り込み、ダナエと会っている場面だ。

　恍惚としたダナエの左側に描かれている金の雨が、彼女と交わるゼウスの象徴である。数多くのダナエ画の中でも、クリムトの絵画は赤毛をより強調して、エロティックで象徴的な作品に仕上げている。(口絵14参照)

■ 黒髪 (Black hair)

　ここで扱うのは、茶色から黒色までを含むブルネットではなく、黒い髪だけを指すものとする。黒髪が当たり前の日本においては、当然ながら「美しい髪」すなわち「黒髪」とされている。では、さまざまな髪色がある欧米では、黒髪はどのように見なされているのだろうか。

　上記の黒髪美人女優ジェーン・ラッセルの例からも分かるように、黒髪美女性も人気はあるのだ。また、アメリカン・ミュージックには黒髪をテーマとした歌も存在する。例えば、1960年前後にジャズシンガー・ピアニストのニーナ・シモンとフォーク・シンガーのジョーン・バエズらが歌って知られる"Black is the Color of My True Love's Hair"(「黒色は私の恋人の髪の色」)がそうである。

　この歌はアメリカのアパラチア南部各所で歌われていた、ヨーロッパ起源とも言われるラブソングで、ジョン・

J・ナイルズが編曲したバージョンが知られている。歌詞にはさまざまなバージョンがあり、男性用と女性用もある。以下のバージョンでは、歌詞の2行目に「Her lips」とあるので、恋人は女性である。

Black, black, black is the color of my true love's hair;

Her lips are like a rose so fair.

And my heart sings when I held her hands.

I love the ground whereon she stands.

わが恋人の髪は黒く

くちびるは、美わしく、素晴らしく

恋人の手を取ると私の心は歌う

その人のふむ土をすらいとおし……

(JOAN BAEZ FAVORITES, 新興楽譜出版社、1967)

　この歌はアメリカのフォークソングだとされているが、諸説あり、原曲はスコットランドであるというのがあればアイルランドの歌だとする説もあり、結局のところ確定はされていないようだ。

日本女性の黒髪

　これまで欧米女性の髪の毛について見てきたのだが、他方、日本では「髪は女性の命」と言われ、髪の毛は女性にとって命と同様に大切であるとされている。そして、それは黒い髪を意味する。

　数多くの文学書の挿入画を描いてきた挿し絵画家の宮田雅之は、女性美の条件について、

「(略) 女性の肌の白さと黒髪の美しさ、これはどの時代にも普遍的で永遠の女性美を賛える不可欠の条件だと思う」と述べている (宮田雅之、1996)。

　日本人の頭髪は黒色であるから、髪の毛の美しさに欧米で見られる多様な色の要素は伝統的にはない。しかし、黒髪の魅力を引き立てる要素というものはあり、その1つが髪の「長さ」である。例えば垂髪が中心の平安時代では、「長い黒髪が美人の条件」とされていた。

　上記の宮田雅之による『美人画集　「黒髪」』では、中世から江戸時代の女性や『竹取物語』『虞美人草』『雪国』など、さまざまな文学作品を元にした挿し絵にも、長い黒髪の女性たちが描かれている。

　平安時代に書かれた書物では、髪が艶やかでふさふさとあり、その長さは背丈より長く7尺 (210cm) もあり、長ければ長いほど美しいとされていた。

　平安時代には、髪の毛を1日に何回か梳かすことにより長くなると考えられていた。また同時代に書かれた歌集には、髪の毛を洗うのに食物を焼いた灰を水に浸して得られる上澄み液であるアクが使われていたことが分かっている。

　アク以外にも、米のとぎ汁である「ゆする」や、ビナンカズラ（美男葛）の粘液なども使用さていた。「ゆする」は、米と米をすり合わせてとぐことから「ゆりする」と言われ、それを略して「ゆする」となったとされている。

　これは第5章で紹介した、中国広西省にある小さな黄洛瑤集落で長髪女性たちが使う方法と似ていて興味深い。

　髪の毛を形容するのに「緑なす黒髪」という少々変わった表現がある。もちろん「緑がかった黒髪」ではなく「艶のある美しい黒髪」を意味する言葉である。ただ長い黒髪だけが美しいとされたわけではなく、「艶のある」ことがもう1つの要件なのだ。

　そして黒髪を美人の条件とする日本語には、それに対応して多くの「黒」を表現する言葉が存在する。単なる黒ではなく、伝統的に細かくて微妙に異なる用語があるのだ。

　例えば平松隆円の『黒髪と美女の日本史』によると次のような用語がある。漆黒や紫黒に始まり、黒紅、鉄黒、

黒檀などで、それらに加えて濃いねずみいろに近い黒の
黒橡、暗い赤褐色の鳶色が濃くなった黒鳶、青みを帯
びた黒の烏の濡羽色などだ。

　現代においては、多くの日本人が白髪を嫌い黒く染め
たりしているが、上記の多様な黒色に対するひとかたな
らぬ思いも関係しているのだろう。

　とはいえ、近年の日本では映画、雑誌、インターネッ
トなど外国からのさまざまな情報の影響もあり、黒髪に
対する考え方に変化が見られる。それはさまざまな色の
毛染めであり、多くの日本人女性がブラウンや薄茶色、
中にはブロンドに染めている。

　美容師歴40年の盆子原澄子は『髪を救いたい』（2001
年）の中でこのような変化を嘆かわしく感じているよう
だが、黒髪にこだわらずさまざまなヘアカラーに染める
ことは、多様化のひとつと見ることもできよう。

　毛染めと白髪染めについては、第8章で女性の状況を
中心に詳しく述べる。

第7章

ハゲから
ボウズファッションへ

「人類の歴史において、大多数の人々は毛髪を常に最も貴重な装飾品とみなしてきた。したがって、その喪失は取り返しがつかないものである」　モナスティエ

■ 生理的な現象としての薄毛とハゲ

　多くの男性が加齢とともに、多かれ少なかれ直面する問題に薄毛・ハゲがある。ある日の朝、鏡に映る自分を見ている時に、髪の毛が薄くなり始めたことに気づく。そしてその後、だんだんと抜けていく頭髪のことが頭から離れなくなる！　こんな経験をした、または今現在している男性はかなり多いことだろう。

　本章では、私たちが身体の中で最も大切な一部として大切にしている毛髪が薄くなり、ついにはなくなることの意味と、それに向けてどう対処するかについて考える。

　髪の毛の喪失については、一般に2つのケースがある。それは生理的な場合と社会的な場合である。

　前者は「男性型脱毛症」（AGA, androgenetic alopecia）と呼ばれるもので、遺伝と男性ホルモンの影響で発生する生理現象だ。AGAは毛の生え際や頭頂部などで薄毛が時間とともに進む、男性特有の脱毛症である。

　後者は出家して僧侶になる際に行う剃髪のように、何らかの社会的地位の変化や状況で人為的に髪の毛を剃る

場合だ。

　以下では、まず生理的な場合の薄毛・ハゲについて考えたい。

■ ムダ毛と薄毛・ハゲ

「裸のサル」と呼ばれた私たち人類は、頭髪以外のさまざまな体毛を「ムダ毛」と呼び、脇毛はもちろん近年では恥毛まで剃ってしまう人たちがいるのが現実である！

　アメリカでのある研究によると、女性の99％が自らの意思で脱毛しており、定期的に脱毛している人は85％で、中には毎日している人もいる。

　ハージグは脱毛の対象として、脚、脇、眉、鼻の下、ビキニライン（陰毛が生えている範囲のうち、ビキニの水着や下着を着用しても覆われない部分で、Ｖラインのこと）が一般的であると挙げている。同時に、このような習慣は人種、民族、地域的な境界を超えているようだとも指摘している。

　もちろん日本でも「ムダ毛」削除の関心は高く、それに対応して新聞や雑誌、また電車や地下鉄の車内には脱毛の宣伝広告が氾濫していることは先に述べた。またインターネット上でも、脱毛に関するコマーシャルを目にすることから、脱毛の重要性、関心の深さがうかがわれる。

しかしそれとは裏腹に、私たちは頭髪を失うことを極力嫌う！　特に男性は年齢が進んだある時期に薄毛に気がつくと、できる限り髪の毛を維持したいと希望し、ハゲ頭になるのではと悩み始める。薄毛とハゲは女性より男性の方が圧倒的に多いのであるが、女性たちもふさふさとした豊かなヘアをいつまでも維持したいと望むのが常である。

「ハゲ・デブ・チビ」の男性は一般的に女性にもてない、とこれまで言われ、嫌われてきた。異性にモテないという問題だけでなく通常の身だしなみとして、ある程度の髪の毛を維持することは当然だと思われてきた。

　もちろん、男性のハゲ問題は外国でも悩みのひとつであり、それは現代に始まったわけではない。太古の昔から、この問題について人々はさまざまな原因について想像を巡らせてきた。

　例えば、その原因として古代ローマ時代には、マスターベーションをすると手のひらに毛が生え、代わりに頭髪が抜けると考えられていた。

　また古代ギリシャの哲学者アリストテレスは、「去勢された男性も［女性と同じく］ハゲにならない」と言ったとされている。現代医学では、ハゲの発生には男性ホルモンが関連していることが分かっている。すなわち、

男性ホルモンの一種であるテストステロンは睾丸で作られるのであるから、睾丸のない去勢男性にはそのホルモンが欠如しているのだ。しかし、紀元前300年代に活躍したアリストテレスが、すでにこの医学的事実との関連性について知っていたのかどうかは不明だ。

　平安時代に書かれた辞書に「鬼舐頭」という語が書かれている。これは今で言う円形脱毛症のことだ。鬼舐頭は「下食日」という天狗星の精が食を求める日に起こり、「天界に住む天狗が下りてきて、人の頭を舐めると毛が抜ける」結果、起こるハゲ頭を意味する。

　森正人は、日本でハゲや薄毛はどのように捉えられてきたかを雑誌や新聞の記事を中心に分析し、その結果を次のようにまとめている。

　すなわち、ハゲの遺伝を持つ人。頭脳労働者、帽子をかぶる人は禿げる。また、ハゲは性欲が強い。ハゲは善人。近代人は禿げるが、未開人は禿げない。そして男性ホルモンがハゲを誘発する。すなわち、ハゲに関する説明はいつも同じではなく、時代によって異なることが分かる（森正人、2013）。

　このように薄毛・ハゲに関して、私たちは医学的な見解以外にさまざまな推量や憶測を想像力豊かに考えてきた。では実際のところ薄毛・ハゲはいかにして起こるのか？

ハゲの主な原因は、男性ホルモンのテストステロンの影響で起こるのだが、このホルモンに「5α還元酵素」と呼ばれる酵素が作用すると、テストステロンの一部がジヒドロテストステロンに変換される。そしてこのホルモンが毛乳頭細胞にあるアンドロゲン受容体に結合すると、発毛が抑制されてハゲになると考えられている。

　遺伝的にも親族にAGAの男性がいる場合、ハゲになる可能性が高いとも言われており、特にAGAの男性が母方の親族にいる場合はなおさら高くなることも分かっている。

　他人の視線を意識しがちな日本では、自身の薄毛を気にする男性は多い。2020年のリクルートライフによる調査では、薄毛であると回答した男性のうち、薄毛を意識しているのは74.8％、薄毛対策をしている人は50.8％いるとの結果が出ている。

　もちろん、薄毛の問題は日本に限ったことではない。アメリカでは、50歳以上の男性の少なくとも半数が男性型脱毛症にかかるとのことだ。では国際的に見て日本人の薄毛人口は、他国に比べてどのような位置にあるのであろうか。

　カツラメーカー大手のアデランスが1998年から2008年までの10年間に行った調査がある。

　それによると、最も薄毛率の高い国はチェコの42.79％（通行人5485人のうち2347人が薄毛）であった。次いでスペイン42.60％（6545人のうち2788人）、ドイツ41.24％（7917人のうち3265人）、フランス39.24％（7080人のうち2778人）、イギリス39.23％（8991人のうち3527人）の順で、上位5位はいずれもヨーロッパの国で占められていた。

　以下、他の欧州の国々に交じってアメリカなど北中米の3国に次いで、日本は14位に位置している。しかし、日本はアジアではトップ（26.78％）で、次いで香港（24.68％）、シンガポール（24.06％）、タイ（23.53％）と続いている。

　この調査で分かったこととして、先進国で薄毛が多く、その原因として考えられるのは、高齢化、仕事や人間関係から来るストレス、不規則な食生活などが挙げられている。

　これだけ多くの男性たちが薄毛・ハゲに悩み、何とかしようと対処したことがあるのだから、その需要に対応する養毛、育毛、増毛に関する商品や医療関連のビジネスも盛んだ。いたるところで見られる宣伝や、広告の多い事実からも分かる。

　また、薄毛・ハゲについての書籍や記事も多い。中でも興味深い書籍として、CDを聴いて育毛などの問題に

対処しようとする本『聞くだけで黒髪がよみがえるCDブック』がある。

このCDには、目的に応じて医師が推奨する特殊音響で演奏されたとする10曲のピアノ曲が収められている。例えばトラック6は育毛目的で、ヘンデルの「私を泣かせてください」、トラック9はホルモンバランス用で、モーツァルトの「アヴェ・ヴェルム・コルプス」を聴くことができる。

またCDの使い方として、①全身で聴く、すなわちヘッドホンではなくスピーカーで聴く、②夜、寝ながら聴く、③しばらく聴き続ける、つまり習慣的に毎日1回は聴くことを奨励している。

また、このCDを聴いた後の効果に関する読者の体験談8例も掲載されている。例えば、50歳の会社員は、「短期間にもかかわらず、薄かった頭頂部にボリュームが出てきました」と述べている（平田彩友瑠、2019）。

薄毛対策に関する書籍としてもう1冊注目したいのは、岡嶋研二博士が2011年に出版した『薄毛の食卓』と題された本である。この本は、岡嶋博士と彼の研究グループおよび他の研究者により発表された論文や、既刊の書籍に基づいて書かれたものだ。

その第2章では、育毛の基本食は唐辛子と大豆としその他に、玄米、鮭、海藻類、根菜類、発酵食品、ニンニ

ク、ワサビなどを挙げて、詳しく解説している。ただし上記のCD付きの音楽療法書とは異なり、この本では読者の体験談は掲載されていない。

　以上、音楽療法と食事療法よる薄毛・ハゲ対策を簡単に見たが、これら2つの方法より以上に一般的なのは、やはりカツラの着用であろう！　カツラ・ウィッグは手軽に入手できて、便利に使えるからだ。

▎脱毛とカツラ

　日本では薄毛・ハゲの対処法のひとつとして、多くの男性がカツラ・ウィッグを使っていると言われているが、これはいわゆる「コンプレックス産業」と呼ばれる商法との関連で見ることができる。
　コンプレックス産業とは、人々が持つ何らかの劣等感（コンプレックス）に対する対処法、または治療のための商品を提供することで対価を得るビジネスである。薄毛・ハゲ以外に、肥満、その他の体型など人の容姿について劣等感を駆り立てる商法を用いることから、「悪徳商法」であると非難されることもあるようだ。
　著者が新宿にある大手ウィッグメーカーのサロンを訪ねた際、対応に出た男性店員が自らの仕事を「コンプレックス産業」と呼んでいたのは興味深かった。顧客の

劣等感を取り除くための仕事をしているのだ、とする自負感でそう言ったのかもしれない。

　現在、日本にはスヴェンソン、アデランス、アートネイチャーなど数社の大手増毛・カツラメーカーがあり、薄毛・ハゲ用以外に、女性向けファッション用や、ガン治療の化学療法で脱毛した患者用の医療カツラなどの商品を取り扱っている。

　また、これら大手メーカーの他にも、無数のカツラ・ウィッグを取り扱っているサロン、店、会社が存在する。ある調査によれば、上記3社が満足度、サービス、価格の点で人気の上位を占めているとのこと。

　ちなみに荒俣宏の『ハゲの文化史』によると、男性用かつらとしてのアートネイチャーとアデランスの創業者たちは、興味深いことに、元は1960年代に流行していた女性用かつらの優秀な営業マンであったとのこと。

　カツラの価格について数か所のサイトで調べようとしたが、一様に明確な価格は見つからなかった。大手の2社を調査した「増毛口コミサイト」というサイトによると、カツラ使用に関しては、個人の状況次第で価格が異なるので価格は公表していないとしている。しかしながら、大手メーカー以外では20万円前後でカツラを手に入れることも可能とのこと。

　また、近年女性用のカツラ・ウィッグの売り上げが伸

びているが、逆に男性用は減少傾向にあるようだ。なぜ
男性カツラの売り上げが減少しているのか、その要因を
以下で検討したい。

薄毛・ハゲ男性を見る目の変化

　男性用カツラの販売量が減少している要因のひとつは、
その購入費・維持費、そして手間が関係している。つま
り、カツラを買ってしまえばあとはそれを着用するだけ、
とはいかないのだ。

　例えば大手カツラメーカーで自分の頭のサイズに合っ
たものを買った場合、40万〜50万円はかかると言われ
ている。残っている髪の毛は自然に伸び続けるのである
から、常に境目を切り揃えなければならない。そして、
生産技術が進んだとはいえカツラの毛が抜けることも
あって、装着感も変わる。当然ながら、使用しているう
ちにカツラが劣化して、修繕の必要性も出てくることに
なる。

　ハゲを隠す目的のカツラ・ウィッグの売れ行きが近年
落ちている理由は、その価格と手間だけではない。人々
の薄毛・ハゲに対する考え方の変化も重要な要素である。

　日本ではハゲは格好が悪い、女性にモテない、隠すも
のだとする不寛容な考え方が外国に比べて強いと言われ
ている。例えば、大手カツラメーカーであるスヴェンソ

ンのローランド・メリンガー社長は、来日して受けた印象として、日本人は髪が薄くなると真剣に悩むが、ヨーロッパなら全く髪がない人でも街中を闊歩している、と述べている。

　アメリカでは、1990年代末にヘッドブレード社の創業者トッド・グリーン氏が、「世界一の頭髪用シェーバー」を開発して大ブレークした。このシェーバーは、特にハゲ頭用にデザインされたもので、中指に引っ掛けて手の内側に装着する画期的なタイプだ。10年も経たないうちに売り上げが1000万ドル（約14億円）を超える企業に成長した。このシェーバーがそれほど売れたのは、とりもなおさずそれだけ需要があり、ハゲ男性が多いということの反映である。
　ちなみにグリーン氏は、2010年にアメリカの男性ファッション誌『GQ』の特集「アメリカの最も影響力のある100人」に選ばれた。

　日本ではファッション誌でハゲのモデルを見かけることは最近まで皆無であった。しかし上記『GQ』に遅れること3年、2013年には『LEON』誌が「最旬これがオヤジの『髪ワザ』」という特集記事を取り上げ、その番外編に"ハゲと白髪は活かしてナンボ！"を掲載した。だがそれは1ページに過ぎない短いもので、5人のハゲ男

性を紹介しただけであった。しかしこの5人は、サング
ラスと髭をアクセントにした「髪ワザ」の上級者である。

　上記のメリンガー社長が来日したのは1986年だが、
その後約30年の間に日本人の薄毛・ハゲに対する見方
が変化し、多様化した。例えば、ハゲでも似合っていれ
ばいいと思う女性が多くなったことが、最近のある調査
で判明している。
「カルヴォ」という会社が2016年に実施した調査によ
ると、「あなたは薄毛・ハゲ男性は好きですか？」とい
う質問に、約73％の女性が「似合っていれば好き」と
回答している（松本圭司『ハゲを着こなす』、2018）。
　確かに近年、街中で薄毛・ハゲ男性を見かけることが
多くなった。彼らが、あえて隠さないようになっている
要因には、女性たちの考え方の変化が関連しているよう
だ。
「カルヴォ」とは、イタリア語で「薄毛・ハゲ」という
意味で、「カルヴォ社」は薄毛・ハゲに悩む男性を支援
し、彼らの豊かなライフスタイルを実現させることを目
的として、自身が薄毛・ハゲの経験者である松本圭司が
2016年に設立した会社である。
「カルヴォ社」によれば、日本には約1500万人のハゲ
男性がおり、これはカンボジアの総人口に匹敵すると言
われている。

また同社が実施した調査によれば、「30代・40代男性と交際する際、次のうち『イヤ』なものはどれですか？当てはまるものをすべてお選びください（複数回答可）」という問いに、意外な回答が得られたとしている。

　すなわち、20項目のうち「薄毛・ハゲ」は「白髪」に次いで下から2番目で、決定的な「イヤ」ではなかったのだ。

　反対に、「キツめの体臭・口臭」「話題がつまらない」「上から目線」など、「臭い系」や「コミュニケーション系」が嫌がられる傾向があることが判明したとしている。

　また、「薄毛・ハゲの男性に対する印象」について自由記述欄を設けたところ、率直な意見やアイディアが寄せられたとのこと。

　例えば次のような意見も挙げられている。

　日本人は自己、周囲ともにハゲを卑下し過ぎだと思います。似合っていれば（清潔感があれば）ハゲは何の恥でもないと思うし、自分が気にするほど周囲も気にしないと思う。

　一部のハゲの人達がカツラやバーコードスタイルなど変にハゲを隠そうとするから余計に世間から嘲笑の対象となり、ハゲを恥だと思う気持ちが増大するのかと思います。（松本圭司、2018）

　上の調査では、「あなたは薄毛・ハゲの男性は好きですか？」という問いに対して、73.2％の女性が「似合っていれば好き」と回答した。

　また「大好き」「まあ好き」と合わせると、4分の3以上が薄毛・ハゲに好意的と言える、と結論付けている。

　日本における薄毛・ハゲに対する上記のような捉え方の変化は、1990年代に始まったと言われている。例えばその頃から、ハゲを隠さずに個性の一部とする竹中直人、西村雅彦ら薄毛・ハゲの有名人が知られていた。

　また、同時期の海外でも、薄毛・ハゲの有名人には『レオン』などで知られる国際俳優のジャン・レノ、『ダイ・ハード』シリーズのブルース・ウィリスらのアクション映画スターも知られるようになり、人気だった。

　これら日本および外国の有名人でハゲを隠さず活躍している男性が、一般の薄毛・ハゲ男性に与えた影響は無視できないであろう。

　しかしながら、実際にはすでに半世紀近くも前に、ハゲで知られていたハリウッドスターがいたのだ。その名はアメリカ人俳優のユル・ブリンナーである。（口絵15参照）

　ブリンナーは映画『王様と私』（1956）で、ハゲ頭のシャム（現・タイ国）国王を演じて広く知られるようになった。しかし実のところ、それよりかなり前から、長

年ブロードウェイでも同じ役をこなしていたのだ。また、『十戒』(1956)、『荒野の七人』(1960) などの映画でも知られ、『王様と私』ではアカデミー賞の主演男優賞を受賞している。

彼のドキュメンタリーフィルムで、ユル・ブリンナーは「最もセクシーな男性のひとり」で「伝統や習慣に囚われない」人物だと描写されている。

映画や舞台以外にも、彼はテレビのディレクターとして活躍し、ロシアやロマ民族（ジプシー）の歌をギターの弾き語りで演奏するなど、多才なパフォーマーでもあった。

ブロードウェイの王様役を考慮していた頃のユル・ブリンナーは、まだ薄毛で頭の周辺部にわずかな髪の毛があっただけの状態だった。そこで衣裳係が作詞・作曲家のロジャースとハマーシュタインに、ブリンナーは丸坊主で出演すべきであると提言した。

しかしブリンナーはそれを聞いてゾッとし、そのようなことはできないと拒否したとのこと。それでも後になって丸刈りに同意し、その結果ハゲの王様は観客に大受けをして、同名の映画でも大ヒットしたことは周知のとおりである。

また、1956年公開の映画『十戒』で坊主頭のラムセス王の役を演じる俳優を探す中で、ユル・ブリンナーが唯一頭を剃るのに躊躇しなかった人物だった。

　黒澤明監督の往年の名画『7人の侍』のリメークとしても知られる1960年の西部劇『荒野の七人』では、ブリンナーがリーダー格のクリスとして、クールで勇ましい「侍」役を演じて日本でも人気が高まった。

　最近の映画で注目したいハゲ俳優では、『ダイ・ハード4』でブルース・ウィリスと共演したシリル・ラファエリがいる。彼はパリ生まれのフランス人で、武道家、アクション振付師、スタントコーディネーター、アクション監督でもある。
　映画『アルティメット』(2004) および『アルティメット2 マッスル・ネバー・ダイ』(2009) では、ワイヤー、CG、スタントマンを使わず、スピード感ある動きと素早いアクションで観客を魅了し、「かっこいいハゲスター」として知られている。

　エンターテインメント界以外でも、薄毛・ハゲの著名人が増えている。日本では、ソフトバンク社長である孫正義が極まった存在だ。孫氏は「ハゲの自虐ネタはソフトバンク・孫正義社長を見習え」と言われるほど、自らのハゲであることを基にツイッターで多くのコメントを書いている。曰く、「ハゲは、病気ではなく、男の主張である」などだ。
　また、海外で日本以上に広く知られているハゲ男性と

して、アメリカ人のオンライン通販大手で世界トップクラスの大富豪であるアマゾンの創業者ジェフ・ベゾスがずば抜けている。

ベゾスは、実業家であると同時に慈善活動家としても知られており、純資産1304億ドルを有する世界有数の資産家である。

また2021年7月には、自身が保有する宇宙開発企業「ブルー・オリジン」の初の有人飛行に搭乗して、短時間の宇宙旅行を楽しんだ。ジェフ・ベゾスは、ITシステムと物流に巨額の投資をして世界規模の企業に成長させた稀に見る創業者だ。日本では2000年に開業したが、当時はまだ赤字続きで、黒字に転じたのは創業後9年経ってからの2003年だった。

日本のテレビ番組で当時のことを振り返って、ベゾスは次のように述べている。

「その頃『アマゾンはダメだ』と言ってた記者が、取材の直後に『実は私もアマゾンの常連だ』と言ってきたりしたんです。そこでデータを見てみると、お客は増えているし満足度をチェックしても問題ない。リピーターも多かった。一度アマゾンを使ったお客は何度も使ってくれていた」

お客を大事にするベゾスは、長い目で自らの会社を経営しており、他のインターネットバブルで消えていった会社を、お客中心の会社を作ろうとせずウォール街を向

いていた、と批判していた。

　俳優ユリ・ブリンナーと同じような経験をした実業家がいる。シリコンバレーで複数のソフトウエア会社を創設したランディ・アダムスだ。すでに60歳を超えているが、活動的な起業家で、以前壁に直面したことがあった。

　シリコンバレーでCEOの地位を得ようと何回か面接に望んだが、そのたびに不採用となったのだ。自分より経験の浅そうな人ばかりが採用されていた。

　そこである日、思い切って薄くなりかけた白髪交じりの頭髪を剃ってみた。また、靴も人気ブランドのローファーからスニーカーに履き替えて面接を受けたところ、途端に採用となった。

　アダムス曰く、「髪の毛を剃っていかなかったら、この採用はなかったと思う」とロイター通信に打ち明けている。

　年配のベゾスとアダムスは共に、若さがひとつのトレードマークになっているシリコンバレーで活躍するハゲの起業家だ。ハゲ始めたらいっそのこと思い切って頭を剃って年齢不詳にした方が有利であることを実証している。ちょうど半世紀以上前にユル・ブリンナーがそうしたように。

薄毛を思い切って剃るという行為は、多くの男性のように薄毛を気にしてカツラで隠し、増毛や養毛をするのではなく、いっそのこと丸坊主にすることを決意し、実行すること自体に、自信に満ちた男らしさが感じられるのだ。

■ ボウズファッションのすすめ

　これまで見てきた映画スターや実業家の他に、日本でも最近ではハゲ頭の一般人がカツラでそれを隠すことなく、堂々と振る舞っているのを街中でよく見かけるようになった。

　近年までは薄毛やハゲを恥ずかしく感じている男性が多かっただろうが、それとは裏腹に女性たちはそれほど否定的には捉えていないとする調査があることは、すでに述べたとおりだ。

　とはいえ、一方にはまだ自らのハゲ頭を公共の場でさらけ出すことに躊躇する男性もいるだろう。しかし、著者の周りにも堂々とハゲ頭で通している人がいるので、以下で紹介したい。

　そのひとりが、お寺の住職・山岸幸夫である。（口絵16参照）僧侶であるから坊主頭は当然なのだが、実は彼の場合には裏話がある。宗派の浄土真宗本願寺派では、

僧侶の髪型については決まりがなく、僧侶になる際に一度髪の毛を剃ることになっているだけだ。これは剃髪をして仏門に入る得度式という儀式で、その後の髪型をどうするかについては、明確な決まりはない。

　そこで山岸は得度式後、元の髪の毛に戻そうと数週間経って3、4センチほど伸びた状態を鏡で見たが、いかにも見苦しいと感じた。それでその日のうちに理容室に行き剃ってもらい、現在に至っている。

　当然のことながら剃髪後、家族や友人ら周りからの反応は特になかったのだが、知人のひとりからユル・ブリンナーみたいだと言われたことがあったとのこと。

　写真撮影は、山岸幸夫が参加していたボランティア団体の「グリーンバード岡山」のゴミ拾い活動中に行われ、普段着のままだ。剃髪に作務衣を着ているので、僧侶だと分かるかもしれない。

　作務衣はもともと僧侶の作業着として使われていたが、山岸にとっては普段着である。しかも作務着は、最近になってファッションとして、また和風のくつろぎ着としても親しまれている。彼の場合は僧侶であるから、まさに「ボウズファッション」ということになろう。

　もうひとりは1級建築士の高田一だ。1977年よりさまざまなタイプの建物を設計している建築家である。

（口絵17参照）親戚のうち男性の半分がハゲの家系で、50歳代で薄毛になった高田も髪の毛を意識するようになり、いわゆる「バーコード」スタイルを装っていた。しかし、その手入れに非常な手間とお金がかかって、維持するのが大変だったとのこと。

そんなある日、同じ悩みを持つ友人で突然坊主頭にした男性に会った際、気持ちがいいから坊主頭にしたらと勧められたという。その友人が大変素敵に見えたこともあり、高田はその日にすぐ理容室に行ってさっぱり切ってもらった。

突然の変身だったが、周りの人たちからは「いいね、爽やかで」などと好評で、以来ボウズスタイルを続けている。口絵の写真も普段着で撮ったもので、撮影用に装った特別のスタイルではない。

高田一の場合2つの理由があって、髪を剃るのではなく、理容室で短めに切ってもらっている。理由の1つは少しでも髪の毛があることで、頭を保護できると信じているからだ。もう1つは母親が、男が頭を剃るのは死ぬ時だからと信じていて、「絶対に剃るな」と強く言われているのが理由だ。

高田はまた薄毛対処の手段としてのかつらの使用は考えたことはないという。写真で見るように、いかにも自然体である。ここで注目したいのは、メガネとネクタイだ。

　メガネは近眼用の市販のものだが、デザインには気を
配って選んでいるとのこと。そしてネクタイはもともと
カラフルなものが好みで、坊主頭にしてから利用し始め
たわけではない（以下の項を参照）。

■ ハゲを着こなすには

　近年、日本でも薄毛・ハゲに対する受け止め方が肯定
的になってきた。とはいえ、まだまだその姿で外出する
のに不安を感じる男性がいることだろう。そこでここで
は、薄毛・ハゲのままをいかに良く見せるか、それには
どのように対処すべきかについて考えたい。

　まず、自然体でクールなハゲ・スタイルを目指すこと
がいかにして可能か、その基本を見よう。

　その根底にある考え方は、通常よりも自身の身だしな
みに気を配り、お洒落をすることだ。思い切って薄毛を
そのまま維持、または丸坊主するのだから、ハゲに関連
するいろいろなアイテムを使うことだ！

1）顔や上半身を中心にするのが基本！

　何らかのアクセントがあるアイテムを着けることによ
り、話し相手や周りの人々の視線を頭から胸の辺りに集
中させることを目的にお洒落をしよう。

　松本圭司も指摘しているように、「ポイントをつける

ことで、目線をコントロールする」技術の応用である。それには、インパクトのあるアイテムをあえて選んで身に着けるようにすることだ。

　カツラをかぶらないで、自然体のハゲで自己主張するという一大決心をしたからには、それに応じて思い切った行動に出る必要がある。そうすることで、自らに自信を与えることにもなるのだ。ここで留意すべき点は、顔面と胸の上部に焦点を合わせて周囲の視線を向けることだ。

2）メガネやサングラスをかける！

　メガネをかけることは、人々の視線を顔に向けさせるひとつの方法である。普段から近眼などでメガネを使用しているのであれば、フレームのデザインを斬新なものに変えてみよう。一風変わったフレームのメガネもいいだろう。

　メガネが不要な人なら、伊達メガネの着用もいいし、屋外ではサングラスをかけてみよう。欧米人と比べて日本ではサングラスをあまり利用しないが、ファッション性向上の意味からも有効なアイテムだ。同時にUVカットのサングラスなら、大事な目を紫外線から守る意味でも有効である。

3）ネクタイも最適なアイ・キャッチャー！

　近頃はクールビズの励行で、ネクタイをする機会が少なくなったが、それを逆手に取ってあえてネクタイスタイルで行くのも、胸元に注目させるのにはいい方法だ。

　一般的に日本人のネクタイは、地味で青色や灰色など単色のものが多い。他にはブルー系と白の縞ネクタイもよく見かける。

　胸元の周りに視線を向けるには、思い切って通常より明るいオレンジ、黄色、赤など誘目性の高い色を選ぼう。「誘目性」とは、色の彩度が持つ、人の目を引く機能をさす。

　また、キャラクターネクタイも遊び心があり注目されるだろう。市販のネクタイは、外国に比べて地味な色やデザインのものが多いので、ここでお勧めしているキャラクターネクタイを選ぶなら、アマゾンなどのネット販売が手っ取り早い。色とりどりのネクタイやキャラクターデザインの商品から選ぶことも可能だ。

　なお、メガネとカラフルなネクタイの使用については、口絵写真17の高田一が実践しているとおりだ。

4）ストールも有効なアイテム

　ノーネクタイまたはカジュアルな状況下では、近年目にするようになったストールがおすすめだ。しかも最近では夏物も販売されており、麻製で吸水性がよく暑苦し

くはない。

　夏の暑い時期でのオフィスワークにおける冷房対策にも適しており、ハゲを着こなすファッション性だけでなく、実用面でも有効だろう。ネットで「柄、色もののストール」で検索し、画像検索で自分にあったものを見つけてみるとよい。

5）マスクもファッションの一部！

　2020年の初頭に発生した新型コロナウイルス以来、マスク着用は「新しい生活様式」として定着している。

　薬局などで販売されているマスクは、大体が白いか薄青い色など地味なものがほとんど。最近の街中では自家製の柄入りや、カラフルなマスクもたまに見られるようになった。

　薬局などで見つからなければ、ネットで「ハンドメイドマスクおしゃれ」「手作りマスク」で検索すると出てくる。ネクタイ同様、Googleなどの画像検索で好みのマスクを確認してから購入しよう。

　ただ、カラフルなマスクはファッション性はあるが、布製であるためフィルター機能は低いという問題がある。その対策として、不織布のマスクの上からファッションマスクを着用する手がある。また、市販のフィルター布をマスクの裏に挿入するのも一方法だ。

　以上、5つの基本的な対処法を見たが、逆転の発想も
含めて他にもありそうだ。ハゲで悩んでいる男性のアイ
ディア次第だろう。薄毛を思い切って坊主頭にするのな
ら、それに見合ったボウズファッションを実践して、お
洒落な日常を過ごされんことを願うばかりだ。

　本章では、多くの男性が遅かれ早かれ遭遇する薄毛・
ハゲの問題を取り扱った。次の最終章では、男女ともに
経験する白髪について考えるのだが、特に女性に焦点を
当てる。なぜなら、男性のグレイヘアは多く見かけるが、
女性はそれに比べてまだまだ少ないからだ。

第8章

白髪からグレイヘアへ

白髪は私たち誰もが経験する身体的な変化のひとつである。赤子の産毛に始まり、ふさふさとした青年期の豊かな髪の毛から、通常男性は壮・中年期の薄毛・ハゲ、そして女性は高齢期の白髪へと変遷する。

　本書の最終章では、白髪についての原因、意味、最近の新たな見方について考えたい。

■ 白髪の出現への反応

　これまで見てきたように、頭髪の状態、スタイルなどにはさまざまな意味があり、場合によっては本人の意思とは関係なく周りの人々に何かを伝えている。

　しかも、その意味の種類によっては、正反対のものを表す場合もあり、白髪も例外ではない。一方ではポジティブな経験値や知識を象徴しているかと思えば、他方では老いと劣化をも意味する。

　これは白髪の対極にある黒髪が当然で良しとされている日本やアジア諸国だけでなく、ブロンド、茶色、赤毛、黒髪など多様なヘアカラーが存在する欧米社会でも、程度の差はあるにせよしかりである。

　アメリカで長年にわたり毛髪研究をしているカート・ステン（『毛の人類史』、2017）も、「白髪は経験と知恵の証とも老齢と非力さのしるしとも受け取られる（略）」と述べている。

　人はたった1本の白髪であれ、それを初めて発見すると「若白髪」すなわち「若くして老いの始まり」とみなして意識しだす。その1本の白髪が増えて目立つようになると、周りの視線を気にして白髪を抜き始めるだろう。

　しかし、「白髪は抜くと増える。だから抜いてはいけません」と言われることもあり、迷う人もいるようだ。医学博士で、女性の薄毛問題や増髪方法に詳しい浜中聡子の『美人増髪計画』によると、「白髪は抜いてもほとんどが徒労に終わります。むしろそうすることで毛根に傷がつくので、もう髪の毛そのものが生えてこなくなります」と警告している（浜中聡子、2009）。

　むしろ、白髪でもいいから髪を生やしておいて、黒く染めてボリュームを維持することを推奨している。すなわち、白髪の出現に対する最も一般的な対処法は、専門家も勧める白髪染めなのである。

　しかし最近になり、白髪染めに対する考え方に変化が見られるようになった。フリーアナウンサーでナレーターの近藤サトは、20代後半ですでに白髪を染めていたが、40代後期に染めるのをやめてグレイヘア（白髪）にする決心をした。

　なぜ決心をするまでに長い時間がかかったかというと、「染めないでグレイヘアにすることへの風当たりが予想

以上に大きかった」からだと述べている。40歳代でゴマ塩頭にすると随分老けこんだと見られ、中には「視聴者に対しても失礼」と言われて、周りの人たちほぼ全員が反対した、と回想している。

　近藤サトは、マスコミに登場する有名人であるが、この例からも分かるように日本では通常、白髪は老けや劣化、また仕事の種類によっては周りの人に「失礼」だとみなされてきた。

　一般人でも周りから「白髪は染めるべきで、そうしないのはマナー違反」とする暗黙のプレッシャーを受けているようだ。

「染めるべきか白髪を維持すべきか」ということに関しては、通常選択の余地はないように思われる。特に、顧客相手の仕事をする人たちの場合はそうである。

　銀座で、ファッション関係の販売員をしている内藤咲江は、グレイヘアだ。そうでなかった3年前、上司にグレイヘアで接客していいかと尋ねたら、「美しければ、いいと思う」との返事だった。その後上司から許可が出たので夫や同僚に「これからはグレイヘアで行きます」と宣言したという（主婦の友社、2018）。

　自分の頭髪についてなのに、「染めるか染めないか」の判断を自ら下すことができないのが実情なのだが、考えてみると、これは不合理的なことだ。

　最近になり、不合理な校則の見直しが注目されているが、企業においても服装規定（ドレスコード）の緩和や見直しが始まっている（朝日新聞「働く髪色［上］［中］［下］」2022年9月15、16、17日）。例えばスターバックスは、2021年8月にドレスコードを改定し、「ダークブラウンなどの自然な発色」としていた髪色の規定をなくした。2022年3月には「ドン・キホーテ」が従業員の髪の色に関するルールを廃止。心配された顧客の反応はよく、ワインレッド色に染めた従業員も客からの「いい髪色ね」と言われ自信がついたとのこと。これらの新しい動きの一要因は、多様な国籍や人種の人たちが働く職場が増え「多様性」を求める声を企業は無視できなくなったことだ。

　記事では日本の企業や学校が黒髪にこだわる背景について、サンドラ・ヘフェリンさんの感想を引用している。彼女は、日本の校則や社会の多様性などについて執筆しているコラムニストだ。「日本社会は見た目の『らしさ』にこだわりすぎていると感じます。（中略）見た目にこだわりすぎると、その人の中身や能力を見逃すことになるので、企業はいま一度考えて見る必要があります」

　人は誰もがいつまでも若いままでいたいと望むのが常であろう。髪の毛全体に占める白髪の量が増えるに従って、若いままの自分を見てもらいたいとの思いから、白髪を抜いたり黒く塗りつぶしたりする。そうこうしてい

るうちに、結果的には頭髪全体を黒く染めることになる。

　しかし、ハワイの日系アメリカ人の間では、この白髪染めについて日本の人たちとは考えが異なる。ハワイに17年間住んだ著者の経験では、男女共ほとんどの日系人は白髪染めをせずにグレイヘアのままだ。ちなみに著者自身も日本に戻るまで、白髪染めのことは考えてもみなかった。

　2022年4月に終了したNHKの連続テレビ小説『カムカムエヴリバディ』で、森山良子が「アニー・ヒラカワ」を演じた。森山良子はジャズソングを英語で歌い、国際的にも知られた歌手。その役はシアトル生まれの日系人という想定で、グレイヘアのいでたちだ。

　アニー・ヒラカワは、映画撮影に携わるキャスティング・ディレクター（CD）という設定である。CDは映画の出演者が持つイメージに合った俳優をリスト・アップして、監督やプロデューサーが最終決定するのを助ける役割を担っている。

　日系人アニーが現れた後で物語は二転三転するのだが、アニーをグレイヘアで登場させたのは、NHKの制作スタッフが当を得たキャスティングをしたと言っていいだろう。

白髪染めの文化的な要因

　若く見られたいとする願望以外に、白くなった頭髪を黒く染めるのには、他にも理由がある。古より日本では、長くて黒い髪の毛の女性が美しいとされてきた。江戸時代には、長い垂髪からそれをさまざまな形に結い上げる髪型に変化し、頭髪の長さはその重要性を弱めた。

　また、上流階級・下層階級という意識も弱まり、結果的に黒い色だけが髪の重要な要素として残った。黒い髪の毛の重要性は、それをより細かく表現する用語があることからも明らかだ。前述したように、「黒」と一口にいっても漆黒や紫黒に始まり、黒鳶、黒紅、鉄黒、黒檀、濡羽色など多様な「黒髪」があるのだ。

　このような歴史的背景もあり、現代においても大多数の日本人は黒髪にこだわるのだと思われる。

　もうひとつ、白髪を黒く染めさせる要因がある。それは、日本人に見られる「皆と同じでありたい」という、いわば文化的傾向（国民性）である。このことに関連して、前述の近藤サトが、外国と日本の女性リーダーに見られる違いを比較しながら語っている。

　曰く、世界には白髪（グレイヘア）で活躍するトップリーダーが多く見られる。例えばイギリスのメイ元首相、アメリカの連邦準備理事会の前議長で、バイデン大統領

に財務長官として起用されたジャネット・イエレン氏、IMF（国際通貨基金）の女性初の専務理事クリスティーヌ・ラガルド氏たちが、自国や国際的な組織で重要な地位を占めて活躍している。

　一方日本では、国会議員でグレイヘアの女性議員はいないことを指摘し、近藤サトはその理由として、「男女を問わず日本人が『右にならえ』の画一性を好み多様性を嫌う民族であることが大いにある」としている（近藤サト、2019）。

　日本で白髪の政治家やリーダーが少ないのは、なにも女性に限ったことではない！　近年日本でも「多様性・ダイバーシティー」ということが盛んに叫ばれている。だが白髪を染めないでグレイヘアを貫き通すことは、まだまだ少数派のようだ。

　しかしながら、変化の兆しはある。それを考える前に、以下で突発的な白髪の発生について見てみよう。

■ 突然の白髪発生は起きるのか

　髪の毛は、たとえそれが抜け落ちたり切られたりしても、すぐには劣化しない。髪の色や質は非常に耐久性があり、古代エジプトのラムセス2世のミイラに残っている髪は、死後3000年の今日でも完全に朽ち果ててはいない。

　では、頭髪が突然白髪になるようなことは起こり得るのだろうか。そしてその原因は一体何なのか。ショックによりヘアが突然白化するという長年語り継がれてきた話は、毛髪の専門家の間で長年にわたり論争されてきた。その多くは言い伝えだが、中にはいくつかの医学的に証言された事例がある。

　以下では3つの報告を見てみよう。

　1つ目はインド大反乱が起きた後、1859年に行われたある英陸軍に所属するインド人兵（54）への尋問中に起きた事例に関するイギリス軍医による報告である。

　その記述によると、このインド人兵士はイギリス人兵士たちに囲まれ、軍服を脱がされて全裸のままで、死ぬかもしれないという思いから激しく震えていた。その恐怖と絶望感は彼の顔色からも読み取れた。すると30分もしないうちに、インド人兵士の黒髪が白化してしまったのだ。

　2つ目は38歳のフランス人女性の場合で、非常に悲しみ深い出来事があった後に、甚大な経済的損失を経験したという事例である。その後女性は病気になって生理も止まり、頭と肩に神経症的な痛みを感じるようになった。

　1882年1月30日午前2時の時点では、女性の髪の毛はまだそれまでどおり黒い色だった。しかし午前7時には、

頭髪がほとんど完全に白髪に変わっていたのだ。

3つ目はより最近の事例で、1947年にイギリス医療雑誌（『British Medical Journal』）に報告された、ある男性（61）が頭髪の急性白化を経験した事例である。第2次世界大戦中、一夜にして2回も間一髪で命拾いをした男性の頭髪は、翌日の朝には完全にグレイになっていたというものだ。

これらの急性白化現象について、数人の医師がいくつかの仮説を挙げている。そのひとりが、イギリスの頭髪に関して最も著名とされるアグネス・サヴィル医師で、白化現象の可能性について述べている。

サヴィル医師によると、突然の重大な感情的出来事に遭遇した場合、頭髪の毛乳頭に血液を送る血管が収縮し、その結果、細胞への栄養分が途絶えて色素の形成が止まってしまうとのこと。しかし、たとえこの説が正しいとしても、すでにある髪の毛には影響しない可能性もあるという反論がある。

他方、イギリスの動物学者F・J・G・エブリン博士は、頭髪が黒く見えても頭皮には多くの白髪が存在するとしている。そして急激な頭髪の脱毛が白髪に対する黒髪の量を減少させて、結果的に数時間で白く見える、と博士は説明している。

　以上３つの事例は、クーパー（Wendy Cooper, 1971）が取り上げた急性白化現象であり、現実に起きた非日常的な出来事である。

　最近になってカート・ステンは、エドガー・アラン・ポーの短編フィクション『大渦巻きへの下降』を例に、急激な白化現象について分析している。

　その短編は、若い漁師が巨大な渦巻きに取り囲まれ、同乗の兄を船もろとも失い、命からがら生還するという話だ。

　そこで漁師は、「前日までは鴉のように黒かった髪は、いまご覧になるとおりで、すっかり白くなっておりました」と語っている。

　ステンは、この急激な白髪の発現を、今日で言う「円形脱毛症」の観点から説明している。つまり、漁師はその事故に遭遇する前から白髪交じりをしており、強い恐怖を経験することにより、もともと患っていた持病が引き出され、白髪でない髪の毛が抜けた、と言うのだ。

　結果、黒い髪の毛だけが抜ける円形脱毛症が突然発症し、急に白髪が露わになったとしている（ステン、2017）。この説は上記エブリン博士の説明と似ているので注目したい。

白髪に対する最近の意識的変化

　白髪は「老いている」または「疲れている」状態を意味すると否定的に取られやすいのだが、最近の調査によると、白髪に関する日本人の意識に変化が見られる。

　リクルートライフスタイル社が行った「2020年白髪調査報告書」によると、白髪が持つネガティブなイメージが弱まる傾向にあるという。この調査は20〜69歳の男女を対象にインターネットを通じて実施されたもので、2016年より毎年行われてきている。

　ただ、高齢者にはインターネットを使わない人たちが多いことも考慮すると、この調査結果が現状を正確に表しているのかについて確かではない。ここでは参考として見てみよう。

　まず、白髪染めをしている男性は14.6％、女性は46％で、女性の方が3倍多い。この結果は著者が予想したよりも低いのだが、ひとつの参考となろう。

　それから白髪の男性・女性へのイメージに関しては、以下のような違いが見られた。

1．白髪男性に対して、男性の視点では「老けて見える」とするネガティブなイメージが強いが、女性視点では「自然体」というポジティブなイメージが最も強い。

2．白髪の女性に対しては、男女の視点共にネガティブなイメージが強いが、「疲れて見える」「身なりに手を抜

いている」などのイメージは弱まりつつある。

　また「グレイヘア」に対するイメージでは、男女共に「グレイヘア」と表現することで「白髪」へのイメージが「良くなる、やや良くなる」「グレイヘアも素敵」「グレイヘアにしてみたい」と回答した人が40〜50％いた。人々が「グレイヘア」に対して好意的な印象を持っていることを示す結果となった（リクルートライフスタイル社、2020）。

　男性のボウズファッション同様、一般女性でグレイヘアが似合う人がいる。例えば、ワインセール店ルナマーレ代表の森田富士子だ。（口絵18参照）

　彼女は以前ガン治療で脱毛をして、しばらくはかつらを使っていた。ようやく髪が1センチぐらい伸びた頃、恥ずかしいとは思いながら、かつらなしで経営勉強会へ行った時のこと。

　森田の坊主頭に近い断髪を見た他の出席者たちから、「励まされた」と言われ驚いた。自分自身もまだ誰かの役に立つことができることを知り、自信がついたのだ。それだけでなく、病気を経験してから、ますます自然体で生活することの大切さを再認識したと語っている。

　近年、テレビなどのマスコミには、白髪（グレイヘア）のままの著名人やタレントを見かけるようになった。上述の近藤サトもそのひとりである。

近藤は上記の白髪調査報告で「白髪が素敵な女性有名人」の1位に選ばれ、他には女優の草笛光子や元3人娘の歌手として活躍した中尾ミエらが続いている。

　また、グレイヘアで活躍する一般女性たちについて、最近多数の出版物が出回っている。例を挙げると、『おしゃれにグレイヘア　染めない選択で美しく！』(世界文化社、2018)、『グレイヘアの美しい人　輝いているのはなぜ？』(主婦の友社、2018)、『グレイヘアという選択』(主婦の友社、2018)、『グレイヘアのおしゃれ着こなし入門』(朝日新聞出版、2019) などである。

■ 白髪染めと若さ

　多くの場合、白髪を黒く染める主な目的は「若く見られたい」というものだろう。それは白髪が持つ「老けて見える」「劣化している」など、ネガティブなイメージを払拭したいからだ。

　高齢でも、足腰はいまだ衰えず、活発な人が黒く染めても全体的にはバランスがとれていて、若く見られるかもしれない。背筋をピンと伸ばした姿勢や、軽快な足取りなら若さが感じられるからだ。また顔の表情も明るく、皺(しわ)も少ないのなら、黒い髪の毛とマッチして若く見られる。

　しかし、足腰が弱くて猫背など、全体的にひ弱な姿勢

の高齢者が髪の毛だけは真っ黒なのは、全体的にアンバランスで逆に不自然な印象を与えてしまう。

　このような白髪染めの黒髪と身体や顔とのアンバランスに気がついた近藤サトは、その不自然さに愕然とさせられたのと同時に、顔と不釣り合いであることに気付こうとせず、染め続けていた過去の自分のことが痛ましく感じられた、と回想している。

　実際のところ外見だけを見て若さを感じるのは、別に黒髪からだけではない。「若さ」を醸し出すのは、顔の表情、話し方、姿勢、足取り、服装などさまざまな要素であり、黒髪はあくまでもその一部にすぎない。

　また、普段その人がどんなことに興味があり、何をしているかなどによっても、その人への印象は変わるものだ。強いて言えば、その人の考え方や普段の行動からも、周囲の人たちは「若さ」を感じ取っているのだ。要は全体的なバランスの取れた容姿が重要なのである。

■ グレイヘアを選ぶ理由はさまざま

　白髪を染めることが当然とされてきた日本で、最近それが当たり前ではなくなっており、前節で挙げた多数の出版物がその新しい傾向を物語っている。これらの書物から、女性たちがグレイヘアをあえて選ぶのには利点があることが分かる。

では、一体どんな理由から白髪を保持、または白髪染
めをやめてグレイヘアに切り替えたのであろうか。以下
では、グレイヘアで輝いている、または楽しんでいる女
性たちの経験に基づくポイントを見てみよう。

1）ファッションのターニングポイント

　52歳でそれまでしていた白髪染めに急にかぶれて頭
皮が傷んだ結果、グレイヘアにしたponは、夫のbonと
の60代夫婦。

　2016年末からインスタグラムに、ふたりは一緒に
写っている色や柄などを合わせたリンクコーデのツー
ショット写真を投稿している。

「リンクコーデ」とは、夫婦やカップルが服のデザイン、
色、柄などを合わせて楽しむファッションである。2022
年の時点で、bonとponには84万人のインスタグラムの
フォロワーがいる。

　2017年に発行されたふたりの本には、色とりどりで
ファッショナブルな姿のツーショット写真などが掲載さ
れている。

　この本は同年の11月20日に第1刷が発行され、1か月
も経たない同年12月10日には第2刷が発行されるほど
の人気だ（bon pon, 2017）。

　bonとponたちの場合、最初からよりファッショナブ

ルになりたいという目的でグレイヘアにしたわけではない。ふたりは、ありきたりの服装に飽きてそれを逆手に取り、あえてグレイヘアに変えて、それまで着なかった、または着られなかった色やスタイルの服を着て楽しむことができるようになったとのこと。

　ふたりは黒髪の時は普通にTシャツやジーンズを着ていたが、普通の格好が似合わなくなったと言っている。それである時、娘のギャルソン服を借りて着たらピッタリして見えた。結果、現在のようなファッションになったのはグレイヘアになってから、と回想している（『bonとpon　ふたりの暮らし』、2017）。

２）私は私！

　前述の近藤サトは、リンダ・グラットンとアンドリュー・スコットによる共著『LIFE SHIFT―100年時代の人生戦略』を読んで、従来の「教育→仕事→引退」の３ステージは通用しないことを学び、画一的な生き方から解放され自由になった。その共著にあった「同じ年齢でみんなが学校を卒業して、就職して、引退する、隊列を乱すことなく、いっせいに更新するような画一的な生き方は時代遅れになるだろう」という言葉に歓声をあげた。

　幼少の頃からいったん決断したら、周りが反対しても押し通す一風変わった子どもだった近藤サト。他人に同

調しない彼女だからこそ、49歳の時にグレイヘアで押し通すことも平気だったと振り返っている。

3）さまざまな色遊びができる

　グレイヘアにすると多様な色の服が着られるようになり、楽しめる。髪の毛が黒、または茶色い色だと、それに合わせる服も自然に黒や茶、灰色など、地味で暗い印象を与えやすい。せっかく若く見られたいという思いから白髪染めをしたにもかかわらず、逆効果になりかねないのだ。

　グレイヘアのグラデーションが美しい結城アンナは、モデル、イラストレーターとして活躍している。彼女のトレードマークは、エレガントなアップスタイルだ。

　30代半ばくらいから白髪が目立つようになり、髪を染めるようになった結城アンナは、偽りの髪色にはお気に入りの服の色やナチュラルなメイクがマッチせず、バランスを取ろうとすればするほど、自分らしさが消えていったと感じていた。

　40代後半で白髪染めをやめたことで、何より気分が軽くなり解放感を味わえた。グレイヘアにしてからは、再び好きな色の洋服が着られるようになり、メイクも本来のスタイルに戻った。

　結城は、以前なら避けていた鮮やかなピンクが似合う

ようになり、その後はグリーン、イエローなど選択肢が
さらに広がったと語っている（『グレイヘアという選択』、
2018）。

4）ストレスからの解放

　白髪染めをやめてから「ストレスから解放された」と
言うのは、フリーランスライターの朝倉真弓だ。11歳
で最初の白髪を発見、以来白髪に悩み続けた。18歳で
初めてヘアカラーを使用、以後45歳までの27年間、あ
りとあらゆる毛染めを試し、その費用は330万円以上と
いう。

　2017年にグレイヘアで生まれ変わり、同時にグレイ
ヘアリストとして活躍を続けている朝倉真弓は、「染め
なきゃ」というストレスから解放されたことで、行きた
いときに行きたいところへ行けるようになったと語って
いる（『「グレイヘア」美マダムへの道』、2018）。

　上記の森田冨士子も「外見の変化にストレスを持たな
い、作らない」と言い切り、「どんな状況下でも自分ら
しく、のびのびと生活したい」としている。森田はまた、
和服も似合うグレイヘア女性だ。（口絵19参照）

■ グレイヘアを生かすには！

日に日に増える白髪をそのままグレイヘアに、または白髪染めを思い切ってやめてグレイヘアにする理由やきっかけはいろいろあるだろう。しかしあえてグレイヘアにするのだから、これからは大胆にファッションを楽しもう！　グレイヘアになると選択肢が増えるからだ。そのポイントは、基本的には第7章の「ハゲを着こなす」で紹介した内容に類似しており、普段よりも身だしなみに気を配り、お洒落をすることだ。

ハゲの場合は男性を念頭に置いていたが、ここでは女性が主役である。

1）顔や上半身を中心にする！

思い切ってグレイヘアにしたのだが、どうしても周りの視線が気になる女性が多いかもしれない。それに対処するには、アクセントがあるアイテムを着けることだ。

男性と違い、女性にはより多くのアクセサリー類を使う選択肢があるので、それらを大いに利用しよう。それも定番的なものでなく、あえて派手なインパクトのあるアイテムを選んで使うのがお勧めだ。

近くの店では見かけないものは、アマゾンなどネット通販を利用しよう。

2）メガネやサングラスをかける

　近視などでメガネを常用しているのなら、カラフルな
フレームを選んでメガネをアクセントにしよう。一見派
手に見えるくらいがちょうどいい！

　男性同様、日本の女性も普段あまりサングラスをかけ
ないが、それを逆手に取ってあえてサングラスを使えば、
おしゃれになるだけでなく、紫外線から大事な目を守る
実用性もある。

　この場合、UVカットのサングラスであることの確認
を忘れないように！　あとで述べるネックレスやピア
ス・イヤリングの感覚で選ぶと良いだろう。

3）ネックレス

　男性と違い女性は、ネックレスをよく使う。赤やピン
クなど鮮明な色のネックレスならインパクトがあって良
い。着用する服の色やデザインに合わせて選ぶのも楽し
い。グレイヘアと同じような色を選びたいのなら、大き
くてボリュームのあるものを合わせてみよう。

4）ピアス・イヤリング

　女性はピアスやイヤリングをアクセサリーとして普通
に使っているので、グレイヘアに合わせても大いに活用
すべきアイテムだ。それも「大ぶり」ピアスやイヤリン
グを選ぶのがポイント！

これらは耳元を飾ることにより、顔全体を明るく見せる効果がある。ピアスやイヤリングも、他のアイテム同様に鮮やかで大きめのものを選んでみよう！

5）スカーフ

スカーフも顔の周りを明るく見せる必須のアイテムだ。多色のスカーフで、そのうちの一色とブラウスやドレスの色をコーデするのも良い。また、スカーフの結び方もいろいろ工夫すると、よりファッショナブルな感覚になり、楽しさも倍増する。

以上、簡単に見てきたが、より詳しく知りたいのなら、前述のグレイヘアに特化した著書を是非参考にしてほしい。それらには、上に紹介したグレイヘアを楽しんでいる多くの女性を写真で掲載しているだけでなく、上記のお洒落アイテムを数多く見ることもできる。

白髪染めからグレイヘアの自然体に戻るには、さまざまな紆余曲折があるかもしれない。しかし、そうして得られる精神的、日常的な人生の喜びは絶大なものだと思われる。

人それぞれで、髪の毛についても考え方、捉え方はさまざま。グレイヘアに変えて、もし気に入らないのならいつでも染めることはできる。

　グレイヘアをひとつの選択肢として取り入れて、"自分は自分"で多様な色を使ってファッション性を拡大してみてはいかがだろうか。そうすればストレスからも解放され、人生も楽しくなるだろう！

　この本を書き始めて数年が経ち、書き終えて感じることは、頭髪というものは実に多様な側面を持つ身体部分だという思いだ。

　本書で見たように、髪の毛は、あってもなくても、フサフサと豊かでも薄毛でも、長くても短くても、結っていても垂れていても、自然のままでも染めていても、つまりどのような状態でも、言葉と同じくらいに人を特徴づけるということだ。

　ヘアにはいろいろな意味・シンボル性があり、しかも社会、文化、時代によりそれらが持つ意味も変わる。

　頭髪はあって当たり前で、それが薄くなり、「髪がなくなる恐怖」を感じて意識しだし、何らかの対処を始める。結果、その対処法やヘアスタイルに関する本、雑誌は数多く出版されている。

　しかし、本書のように頭髪のシンボル性や社会・文化と関連づけた文化人類学的著書は、この数年を振り返ってみても皆無である。

　事実、友人らに「髪の毛についての本を書いている」と伝え、「どんな内容だと思う？」と聞くと、「ヘアスタイルについて」との返答があった！

　これは、私たち自身の重要な一部であるヘアについて

の隠れた意味を理解していない、または理解しようとしないことの現れであろう。

「人は見た目が一番」と言われて、多くの場合、私たちは人を外見で判断してしまう傾向にある。そんな時に注目するのは、顔の表情、体型、服装などであろう。その際、意外と意識していないのが髪の毛である。あって当たり前、そして日本では黒髪で当然とされている。したがって、薄毛・ハゲや白髪になると、一種の強迫観念のようなものを感じて、さまざまな問題が出てくる。

このようなこともあり、本書では、より実践的な薄毛・ハゲと白髪の問題を取り上げたのだが、その前に頭髪に関するあまり普段意識されない隠れた意味・シンボル性、そしてヘアと社会的な関連性などをさまざまな視点から探ってみた。

私は文化人類学を専門としている。それは主に現代社会に住む人々の多様な生活様式を比較し、人間とは何かを追究する学問である。

文化人類学では、実際に観察できる物事だけでなく、各民族の物事の捉え方や考え方をも理解しようとする。こうして見ると、それは、私たち人類が持つ多様性を研究する学問であるともいえる。

そして本書の内容は文化人類学的にヘアが持つ多様性を探索する結果となった。しかしそれは、頭髪に関する

多様な総計の一部であり、まだまだ興味深い側面があると信じている。

　今回は参考にしなかったが、アメリカには文化人類学者や宗教学者らによる、英文の学際的な頭髪に関する文献がある。機会があれば、将来それらを含めて再度この不思議で未開の分野である「ヘア」について探索を続けたいと考えている。

謝辞

　ここで挿入写真のモデルの要請に快諾していただいた山岸幸夫、高田一、そして森田富士子の3氏にお礼を申しあげたい。また文芸社の岩田勇人、および吉澤茂両氏には非常に感謝している。特に吉澤茂編集員とゲラ校正者には、原稿整理の綿密な作業をして頂き、言葉では言い表せないほどの感謝をしている次第だ。

———— 主な参考文献と URL（著者名の ABC 順）————

荒俣宏著『ハゲの文化史』ポプラ新書、2018 年

朝日新聞「わびる首長　辞職ドミノ、安芸高田市長が表明 3 人目　河合夫妻事件」2020 年 7 月 1 日

朝倉真弓著『「グレイヘア」美マダムへの道』小学館、2018 年

渥美昭夫・井上謙治編『ジャズ・エイジの物語 1 ―フィッツジェラルド作品集』荒地出版社、1981 年

アルノルト・ファン・ヘネップ著、綾部恒雄・綾部裕子訳『通過儀礼』弘文堂、1995 年

盆子原澄子著『髪を救いたい―美容師 40 年生　ボンコハラの仕事（アントレレディースシリーズ）』文芸社、2001 年

『bon と pon　ふたりの暮らし』主婦の友社、2017 年

Cooper, Wendy, Hair Sex Society Symbolism, Stein and Day/Publisher, New York, 1971.

デズモンド・モリス著、日高敏隆訳『裸のサル』河出書房新社、1969 年

黒川祐子著「花嫁はなぜヴェールをかぶるのか」増田美子編『花嫁はなぜ顔を隠すのか』悠書館、2010 年

福本容子著『なぜ世界でいま、「ハゲ」がクールなのか』講談社＋α新書、2014 年

浜中聡子著『美人増髪計画―もっと、おしゃれができる
　　髪になる』KKベストセラーズ、2009年

平松隆円著『黒髪と美女の日本史』水曜社、2012年

平田彩友瑠著『聞くだけで黒髪がよみがえるCDブッ
　　ク』マキノ出版、2019年

平山亜理著『ゲバラの実像　証言から迫る「最期のと
　　き」と生き様』朝日新聞出版、2016年

石井明著『江戸の風俗事典』東京堂出版、2016年

板見智監修、乾重樹他著『薄毛の科学』B&Tブックス
　　日刊工業新聞社、2016年

ジャッキー・コリス・ハーヴィー著、北田絵里子訳『赤
　　毛の文化史―マグダラのマリア、赤毛のアンからカン
　　バーバッチまで』原書房、2021年

川名紀美著『アルビノを生きる』河出書房新社、2013
　　年

キャディ著、松本百合子訳『切除されて』ヴィレッジ
　　ブックス、2007年

カート・ステン著、藤井美佐子訳『毛の人類史　なぜ人
　　には毛が必要なのか』太田出版、2017年

近藤サト著『グレイヘアと生きる』SBクリエイティブ、
　　2019年

LEON、SHUFU TO SEIKATSU SHA CO, LTD 9月号、
　　2013年

松本圭司著『ハゲを着こなす―悩みを武器にして人生を

変える方法』WAVE出版、2018年

増田美子編『花嫁はなぜ顔を隠すのか』悠書館、2010年

水野敬也著『顔ニモマケズ——どんな「見た目」でも幸せになれることを証明した9人の物語』文響社、2017年

『宮田雅之美人画集「黒髪」』講談社インターナショナル、1996年

マルタン・モネスティエ著、大塚宏子訳『図説毛全書』原書房、2005年

森正人『ハゲに悩む——劣等感の社会史』筑摩書房、2013年

永松真紀著『私の夫はマサイ戦士』新潮社、2006年

名和好子著『美しい髪の歴史』女性モード社、1979年

村田孝子著『江戸300年の女性美　化粧と髪型』青幻舎、2007年

NHKニュース「おはよう日本」2016年11月25日放送

野中葉著『インドネシアのムスリムファッション——なぜイスラームの女性たちのヴェールはカラフルになったのか』福村出版、2015年

大原梨恵子著『黒髪の文化史』築地書館、1988年

大沢早苗・NATSUKO監修『グレイヘアのおしゃれ着こなし入門』朝日新聞出版、2019年

『おしゃれにグレイヘア　染めない選択で美しく！』世界文化社、2018年

岡嶋研二著『薄毛の食卓—5か月で64.5％の人が発毛した食事法』マガジンハウス、2011年

島田祐巳著『ジョン・レノンは、なぜ神を信じなかったのか』イースト新書、2018年

主婦の友社編『グレイヘアという選択』主婦の友社、2018年

主婦の友社編『グレイヘアの美しい人—輝いているのはなぜ？—（主婦の友生活シリーズ）』主婦の友社、2018年

田中雅一／中谷文美編『ジェンダーで学ぶ文化人類学』第1章　世界思想社、2005年

友鵬勝尊『人間大鵬幸喜のいい話』ベースボール・マガジン社、2013年

レベッカ・M. ハージグ著、飯原裕美訳『脱毛の歴史　ムダ毛をめぐる社会・性・文化』東京堂出版、2019年

Beech, Hannah, A Star of Islamic Fashion Falls. New York Times
　https://www.nytimes.com/2018/05/31/fashion/anniesa-hasibuan-indonesia-travel-fraud.html

Fashionsnap.com 勢いを増す「ムスリムファッション」
　https://www.fashionsnap.com/article/muslim-fashion-indonesia/

Hunted Down Like Animals and Sold by Their Own
Families for £50,000
　http://www.dailymail.co.uk/news/article-2922243/
　Hunted-like-animals-sold-families-75-000-Tanzania-s-
　albinos-hacked-apart-witchdoctors-believe-body-
　parts-bring-luck-sick-trade-fuelled-country-s-elite.html
　#ixzz4bH386V7P

'I Finally Feel Beautiful'
　http://www.dailymail.co.uk/femail/article-2262807/
　Refilwe-Modiselle-said-lives-skin-white-person-carves-
　career-model.html

Jablonski, Nina,The hairy timeline of evolution
　https://stias.ac.za/2020/01/the-hairy-timeline-of-
　evolution/

Lawyer-Model Thando Hopa Changing Perceptions
About Albinism in Africa
　https://moguldom.com/99481/lawyer-model-thando-
　hopa-changing-perceptions-about-albinism-in-africa/

日本髪って結うのにどれくらいの長さが必要
　https://kazesuta.jp/blog_753/archives/13486

2020年白髪調査報告

https://hba.beauty.hotpepper.jp/wp/wp-content/uploads/2020/09/data_shiraga_20200924.pdf

リアル「ラプンツェル」が暮らす村が中国にある
GIGAZINE

https://gigazine.net/news/20180512-china-village-rapunzel/

Scientific American, What is the latest theory of why humans lost their body hair? Why are we the only hairless primate?

http://www.scientificamerican.com/article/latest-theory-human-body-hair/

テイラー、ジョーン、イエス・キリストの本当の姿は？
長髪にひげは本当か、BBC NEWS JAPAN, 2015. 12. 24.

https://www.bbc.com/japanese/features-and-analysis-35173762

World Health Organization, Media Centre: Female genital mutilation

https://www.who.int/news-room/fact-sheets/detail/female-genital-mutilation

横井教章著『湯灌に関する一考察』

http://repo.komazawa-u.ac.jp/opac/repository/
all/35994/kbk045-08-yokoi.pdf

著者プロフィール

新田 文輝 （にった ふみてる）

1943 年大阪生まれ。青山学院大学経済学部卒業 (1967)。その後 1970 年より、東京都立川市の米空軍基地と横浜市の米海軍基地内アメリカン・スクールで日本語と日本文化を教える。

1977 年にハワイへ移住、その間にハワイ大学大学院で文化人類学を専攻して博士号を取得 (Ph.D.1989)。ハワイ大学で講師を務めたのち、1994 年に岡山県の吉備国際大学社会学部教授に就任、文化人類学と関連講義を担当。同時に倉敷芸術科学大学および川崎医療福祉大学で非常勤講師も務める。

2015 年名誉教授として退職。以来、病院や介護施設などでのボランティア・コンサート、倉敷市および岡山市でのゴミ拾い活動などをしながら執筆を続ける。趣味はウクレレ・ギターでの弾き語り、スノーボード、スキューバダイビングなど。

著書『国際結婚とこどもたち—異文化と共存する家族』藤本直訳、明石書店、1992 年。他に学術論文多数。

ヘアの文化人類学　頭髪の起源からグレイヘアまで

2023年 1 月15日　初版第 1 刷発行

著　者　新田 文輝
発行者　瓜谷 綱延
発行所　株式会社文芸社
　　　　〒160-0022　東京都新宿区新宿1－10－1
　　　　　　　　　電話 03-5369-3060 （代表）
　　　　　　　　　　　 03-5369-2299 （販売）

印刷所　株式会社フクイン

©NITTA Fumiteru 2023 Printed in Japan
乱丁本・落丁本はお手数ですが小社販売部宛にお送りください。
送料小社負担にてお取り替えいたします。
本書の一部、あるいは全部を無断で複写・複製・転載・放映、データ配信することは、法律で認められた場合を除き、著作権の侵害となります。
ISBN978-4-286-27067-8